動靜皆自在。

聖嚴法師 著

自序

中國禪宗的修行，是最人性化的。
中國禪宗的觀念，是最人間化的。
中國禪宗的修行方法，是最人格化的。
中國禪宗的風格，是最平易近人的。

中國禪宗史上的許多祖師，都以為平常日用即禪。不論出家在家，若能將禪宗的觀念和方法，用之於日常生活，縱然處身於萬丈的紅塵之中，也會體驗到安定灑脫又活潑自然的人生境界。

中國的禪宗，不是宗教的信仰，不是哲學的理論，更不是神奇古怪的法術；乃是生活的智慧、身心的修養、開發精神領域的指導原則、影響環境淨化的不二法門。

中國正統的禪宗修行，不以神蹟顯靈做號召、不以身心的異象為著眼、不以急功好利做目標，乃以平實的人生為基礎、少煩少惱為宗旨，輕鬆自在過生活。對於過去，無怨無悔；對於未來，積極準備；對於現在，步步踏實，這些便是修習中國正統禪法的好處。

二十多年以來，我寫禪、講禪、教禪，主要是為了修學禪法、實用禪法，固然利益了不少的弟子、學生、讀者、聽眾，獲益最多的，應該是我自己。所以年屆古稀，依舊樂此不倦，而且愈來愈覺得自己獲得的太多，付出的不多，所以對三寶感恩，也對成就我的師友大眾感謝。又由於愈來愈覺得自己的所知所學所能極其有限，佛法的大海深廣無底無邊，所以不敢師心自用，自以為是的大言不慚。雖然我以現代的語言文字，將禪法介紹給現代人來應用，但是我的觀點，必定不敢離開佛言祖語的源頭依據。不像一般野狐禪客，動輒超佛越祖，滿口狂語，連篇訶罵，儼然古佛再世，那不僅使禪宗蒙塵，也讓眾生受害。

本書是由法鼓文化的編輯群策畫集成，是就我自一九九三年至一九九八年之間，發表於《人生》及《法鼓》兩份月刊的文章中，將跟禪及禪修指導有關的各篇篩選出來。其中大部分的篇章，在刊出之前，曾經我的修潤，也有不少篇章，因我抽不出時間，弟子們就將錄音帶上的原味抄錄成稿，刊了出來，未免過於粗疏，而且文義不清，講出時的現場聽眾不致誤會，閱讀時可能引生錯亂，故於出版成冊之前，親自做了補救的工作。

關於禪修系列的書，英文的我已出版九種，其中數種已被譯成十來種歐亞語文，在世界各地流通，而僅兩種譯成了中文。禪修系列的中文著作，也已出版了十種，其中僅有一種譯成了英文。並不是因為我在東、西方所傳的禪法有何差異，乃由於用中、英兩種語文，同時不斷地出版新書，就無暇再去做交互翻譯出版的工作了。

我也不知是什麼原因，迄今我的各類著作，已出版了六十多種，禪系列的諸書，不僅暢銷，而且常銷。我的英文禪修指導諸書，原先是由我們紐約的法鼓出版社（Dharma Drum Publications）發行，今（一九九八年）起，已有 Shambhala Publications，以及 Doubleday Publications 等著名出版公司，主動要求出版我的禪修書籍。

一九九八年十一月二十三日自序於紐約東初禪寺

目錄

禪的修行與證悟

一、禪是什麼？

「禪」究竟是什麼呢？事實上，「禪」是不著語言、不立文字的，能夠用語言文字來解說的，就不是禪。若真要說禪的話，我一站上台就應該立即下台的。因為「禪」是只能意會不能言傳的，一經書寫或口說即成廢話。

然而我卻不得不說，因為禪門有個「以指標月」的譬喻：對於一個從來不知月亮為何物的人，在蒼茫的星空中，不知哪一個叫作月亮，這時候就需要一個認識月亮的人，用手指著月亮說：「那就是月亮！」

所以，語言、文字只是個標示工具，真正的「禪」是要靠自己去體會的。

如果說此刻我是手指，那麼，請問諸位：月亮在何處呢？

「無處不在。」（聽眾回答）

「該打！」（作者回答）

「第三十層樓。」（聽眾回答）

「這個答案也不對，因為動念即乖，開口就錯！」（作者回答）

二、禪學的基本概念

（一）「佛語心為宗，無門為法門。」——《楞伽經》

上一句話是說，佛所說的法是告訴我們，一切以心為根本，句句都是從清淨的心性中流露出來的；語言是虛假的，唯有心性才是真實不變的。

下句指出，欲達開悟見性的境界，應以「無門」為入門的方法，所謂「無門」是指沒有特定門路的意思；如同有些學校並沒有特定的大門，要走入校園內，四通八達，並不一定得要通過某個特殊的大門一樣。

宋代有一本慧海禪師編集的公案書就叫《無門關》，裡面記載的都是以無門為入門，因而開悟的故事，有興趣的人，可以去參閱。

（二）「我此法門從上以來，先立無念為宗」、「無者無二相，無諸塵勞之心」——《六祖壇經》

每一個人都可以找到適合自己的一條門路，但是首先要把握一個原則，即是：對內需胸無成見，不得執著，對外不能有任何的分別心。這種情形叫作「無念」。

無念並不是沒有念頭，而是這個「心」，內不受自我所束縛，外不被環境而動搖。以此為基準，就能夠找到一個修行的門路了。

（三）「此法門，從一般若生八萬四千智慧」——《六祖壇經》

禪學與世間一般的學問不太一樣。一般的學問乃至哲學，是要靠自己的思考，以及知識經驗的累積而成。「禪」卻是要在放下內在及外在的一切知見之後，才能激出無漏的真實智慧，那即是開悟。

所以有人主張，最笨、最懶於做學問的人，應該來學禪，因為禪宗既不需要世智辯聰，同時也不要求博學強記。

但是相反地，也有人認為只有聰明利根的人，才夠資格問津禪學。因為有大智慧的人，可以隨時吸收，隨時放下，因而得以日新又新。這樣的人，才可能開悟。

(四)「世人妙性本空，無有一法可得」——《六祖壇經》

一般求道學法的人，總以為「道」或「法」是實有之物，因此，不斷向外尋求，不是向佛求，就是向師求。但是禪宗卻要人打破這種觀念上的牢籠，直指本心，禪宗認為心外別無一法。

(五)「離性無別佛」、「見性成佛」——《六祖壇經》

中國的禪宗特別重視開悟見性，然而「自性」是什麼呢？六祖惠能大師說：「菩提自性，本來清淨，但用此心，直了成佛。」又說：「前念迷即凡夫，後念悟即佛。」指出佛與凡夫的不同，只在前者悟，而後者迷罷了。如果能夠到達「無念、無憶、無著、內外不住，來去自由」的境界，即是「見性成佛」。

三、禪宗如何修行？

（一）靜坐不是禪，枯坐也不會開悟

釋迦牟尼佛在證悟之前，曾於雪山下坐了六年，而達摩祖師初入中國之時，也曾在嵩山面壁九年，由此可見打坐的重要性；因此，中國初期的禪師們，都仍沿用印度的傳統方式，特別偏重禪坐的工夫。這種情形一直沿襲到惠能大師，尤其是南嶽懷讓禪師時，才出現了一番變革，那就是重悟不重定。

有一個公案便是箇中代表，當年馬祖道一禪師在南嶽懷讓座下的時候，十分用功，整天都在蒲團上打坐。但是懷讓看在眼裡卻頗不以為然，於是撿起一塊磚頭，到馬祖面前用力地在石頭上磨起來；由於聲音很大，驚擾了正在打坐的馬祖，開口問說：「和尚磨磚作什麼？」

南嶽說：「磨來作鏡子啊！」

馬祖失笑說：「磚頭怎麼可能磨成鏡子！」

南嶽反問：「磨磚不能作鏡，打坐又豈能成佛！」

馬祖聽了這些話，當下便開悟了。

開悟在於放下自我執著，打坐只是身體不動，如果內心思緒洶湧如波濤起伏，或如躲在黑山鬼窟，無所事事，坐得再久，也是白費工夫。

（二）靜坐時能覺察心中有煩惱，便是修行

《圓覺經》中說：「知幻即離，離幻即覺。」但也切忌抗拒煩惱，希企開悟，否則，喜靜厭鬧，欣淨拒染，便不能悟。

（三）平常生活即是禪的修行

禪宗有一個故事說到，有一天有位僧人向趙州請法而問：「學人迷昧，乞師指示。」

州云：「喫粥也未？」

僧答：「喫粥也。」

州云：「洗鉢去。」

這也就是說，該喫粥時去喫粥，喫完了粥應洗鉢，該如何就如何，便是佛法。

許多發心學佛的人，常誤以為，只有在佛前上香、禮拜、誦經，或是到深山古洞去閉關打坐才是修行，殊不知生活就是修行。禪宗主張應該將修行落實在日常生活中，對於日常一舉一動的每一個念頭，都要清清楚楚，明明白白的；不管是行、住、坐、臥、吃飯、穿衣、待人接物都是修行。

所以，有一次有源律師向大珠慧海禪師請教：「和尚修道，還用功否？」

慧海禪師答說：「用功。」

又問：「如何用功？」

禪師云：「飢來喫飯睏來眠。」

有源律師問：「一切人總如同師用功否？」

慧海云：「不同。」

曰：「何故不同？」

慧海說：「他喫飯時不肯喫飯，百種需索；睡時不肯睡，千般計較，所以不同也。」

可知，心無雜念妄想，不打坐也是修行，心有雜念妄想，打坐也不能開悟。

（四）執著修行便不是真修行，不注意修行更不是真修行

現在我們再回到「磨磚不能作鏡」的公案上。馬祖知道執著於形式上的修行沒有用，因而開悟。那麼，是否便意味著，不曾練過打坐，或從來不注意修行，也一樣可以開悟？當然是不可能的！

許多年輕氣盛的人，往往以為：「成佛也不過如此，開悟也沒有什麼了不起！對我而言，開不開悟，沒有什麼不同！」然而一旦困境現前，煩惱纏繞時，就不免於掙扎之苦了。

（五）經常保持一直心和平常心，便是修行

《維摩經》中有兩句話：「直心是道場」、「直心是淨土」。所謂直心，就是平常心，也就是完全沒有主觀的分別和執著，但有超越主客觀的清淨心，那就是有大智慧的人。經常保持直心，當下就是在清淨的佛國裡。不過要有這種工夫頗不容易，所以，需要不停地練習。

有些人會自以為他們的心，已經不具任何主觀意識，也不帶半點分別執著，其實這很可能是自欺欺人。因為凡是沒有大徹悟的人，都還有我執未消融，自然

會有人、我之別，乃至不免於內在感情的衝動。

（六）清清楚楚地不思善、不思惡，便是修行，便是開悟

遠在四祖道信的時候，他就曾提出如下的看法：「蕩蕩無礙，任意縱橫，不作諸善，不作諸惡，行、住、坐、臥，觸目遇緣，總是佛之妙用，快樂無憂，故名為佛。」他認為不用任何方法，不須行善去惡，該怎麼就怎麼，不做主觀的分別，當下就是佛性的顯現。

又《六祖壇經》裡也有一段有趣的公案：當初六祖惠能為了避開奪法爭衣的糾纏，向南潛逃，卻被惠明追到。六祖於是對有意奪他衣缽的惠明說：「汝既為法而來，可屏息諸緣，勿生一念，吾為汝說。明良久。惠能云：不思善、不思惡，正與麼時，那個是明上座本來面目？」惠明便於言下有悟。

（七）參話頭，坐疑情，破疑團時即為開悟

我有個學生是澳洲人，他經過長達八年的修行，功力已達某種程度，可以連續打坐數小時而不起座。他自以為已入無我之境，因此十分自得且執著。直到有

一天看到我所寫的書，才驚覺原來他對自我的執著仍然牢不可破。因此，特地到臺灣，跟我打了一次禪七，我教他用參公案的方法來淡化自我；七天下來，他覺得自我的意識果然比較淡了。

所謂參話頭、參公案，就是用緊迫盯人的工夫，把參禪人的心逼得進退無路，而又非走不可；無開口處，卻又不得不開口。所以，參公案就是叫人生起大疑情，把妄想雜念，通通逼進死巷，繼之一網成擒，兜底搗成粉身碎骨，便是悟境現前了。

四、禪宗如何開悟？

(一) 無心可安即可開悟

有一個相當著名的公案：禪宗的二祖慧可向初祖達摩請法云：「諸佛法印，可得聞乎？」

達摩云：「諸佛法印，匪從人得。」

慧可說：「我心未寧，乞師與安。」

達摩說：「將心來與汝安。」

慧可遍尋不見心，便說：「覓心了不可得。」

達摩說：「我與汝安心竟。」

諸位也可以參一參這種安心之法，先把身體坐直，輕輕靠著椅背，將全身肌肉放鬆，臉部放鬆，眼球放鬆，頭腦也跟著放鬆。

然後注意你的心在想什麼？能否不想？不想的時候，你的心在哪裡？正在做什麼？是不是還有一個「心」呢？如果沒有了心，不就成了死人；若還有心，便是妄念。

無心不是死亡，有心不是妄念，不生亦不滅，才是安心。如果大家全都同慧可一樣，覓取不寧的妄想心而了不可得，那就是開悟了。儘管這不是那麼容易，但是經由不斷地練習，人人都可能從分別執著的不寧心，逐漸到達沒有分別執著的無心。

（二）心無所住便開悟

中國禪宗史上最重要的一位祖師，是第六祖惠能大師，他是聽到《金剛經》

裡的兩句話而豁然開悟的。這兩句話是：「應無所住，而生其心。」意思是說心已經沒有了分別和執著，但仍有其隨緣度化的作用。

惠能了悟一切萬法不離清淨的自性，未悟時以萬法為煩惱的淵藪，悟後則以萬法為行道的工具。

(三) 心無所求便開悟

大珠慧海禪師求見馬祖道一時，馬祖問他：「從何處來？」

答說：「越州大雲寺來。」

「來此擬須何事？」

「來求佛法。」

馬祖說：「自家寶藏不顧，拋家散走作什麼？我這裡一物也無，求什麼佛法？」

慧海作禮又問：「阿那個是慧海自家寶藏？」

馬祖說：「即今問我者，是汝寶藏，一切具足，更無欠少，使用自在，何假向外求覓？」師於言下自識本心。

(四) 不汙染即開悟

南嶽懷讓參六祖經八載，忽然有悟，乃白祖曰：「某甲有個會處。」

祖曰：「作麼生？」

曰：「說似一物即不中！」

祖問：「還假修證否？」

曰：「修證則不無，汙染即不得。」

祖曰：「祇此不汙染，諸佛之所護念。」

在禪門中，類似的公案很多，有的須經過長期的苦修，仍是不得力，卻往往在不經意的剎那，因為聽到一句毫不相干的話，或是見到一個完全沒有意義的動作，突然開悟了。所以，擊竹、渡水、看花，都可以開悟，聞雷鳴、受喝斥，乃至聞青蛙入水聲，都可以悟道。

例如：古代有一位靈雲禪師，是見到桃花怒放而開悟的，另有一位禪師是在掃地之際，聽到飛石擊竿的聲音悟道。至於我的師祖虛雲老和尚則是在接熱開水之際，因茶杯摔落地而覺虛空粉碎，大地平沉。也有一位禪師在經過多年的修行還沒有見性，一天清晨，在起床的時候，不小心讓鼻頭撞到了門框，因為突如其來的劇痛，使他不覺失聲大叫說：「哇！原來鼻子是向下長的！」當下，他開悟了。

五、禪宗的棒喝功能

（一）德山棒打新羅僧

有一個新羅僧渡海到中國，依止德山禪師座下。德山一見到他就說：「今天不許發問！」這個韓國和尚就趨前下拜。

結果德山說：「賞他三十棒。」

新羅僧急急抗辯：「我並未出聲啊！」

德山喝說：「你未離開新羅之前，就該先吃三十棒了！」

這位新羅僧在挨了三十棒後，究竟開悟了沒有，書上沒有記載。假如他因此開悟，儘管挨了三十棒，其實還是很划算的。打的功能是在於逼得參禪者的攀緣妄想心，沒有躲避處，結果就能幫助你的悟境現前。

（二）雲門文偃參睦州道明禪師

道明禪師一見雲門便把門關起來。雲門扣門。睦州問說：「是誰？來做什麼？」

雲門說：「有事理不明白，請師開示。」

睦州開了門，見是雲門，便又「呼」的一聲，將門關上，雲門於是不斷扣門。一直到第三日，睦州又開了門，雲門趕緊奪門而入，一隻腳跨進房裡，這個時候，書上記說：「睦州遂掩門，損師一足，師忍痛作聲，忽然大悟。」

雖然打斷了一隻腳，但是因而得以大徹大悟，一點也不冤枉。

不過大家不必害怕，上述情形只是特例中的特例，不是工夫到了家，也還用不上這個方法。禪師更不會隨便動手揍人，否則的話，禪堂豈不成了瘋人院，哪裡還是修行的地方？

（三）臨濟三問三遭打

臨濟義玄往參黃檗希運，問：「如何是佛法的大意？」話聲未了，棒子便落在身上，他問了三次，挨打三次。於是告別黃檗禪師，臨走前，黃檗指示他去參訪馬祖的嫡法孫大愚禪師。

義玄向大愚禪師細述三問三遭打的經過。

大愚聽了說：「黃檗恁麼老婆，為汝得徹困，猶覓過在！」

義玄聽了大悟，便向大愚肋下打一拳。大愚說：「汝師黃檗，非干我事。」

義玄回到黃檗處，被問：「何回太速？」

義玄說：「只為老婆心切！」

黃檗云：「這大愚老漢，待見與打一頓。」

義玄說：「說什麼待見，即今便打。」遂鼓黃檗一掌，黃檗哈哈大笑。

（四）臨濟遇著便打

臨濟義玄的宗風，是能活用禪機，棒喝並行。在《天聖廣燈錄》卷一〇裡有如下的記載：

一僧來見，師舉拂子，僧禮拜，師便打。

一僧來見，師舉拂，僧不顧，師亦打。

一僧來參，師舉拂，僧曰：「謝和尚見示！」師亦打。

此皆以這些人的心中有物有礙，所以遇著義玄禪師，便是遭打。

六、結語

今天，我在這裡放了一把「星星之火」，待它燎原後，再讓高明者來「救火」。謝謝貴校的邀請，謝謝 Zysk 教授的安排，謝謝諸位老師及同學們的出席指教，並為大家祝福。

（一九九五年四月二十五日，講於美國紐約大學，游果育整理）

禪學與正信之佛教

一、禪即是佛教

佛教的產生，起源自禪修，故有「從禪出教」及「藉教悟宗」兩種說法。

（一）從禪出教：一般人均存有錯誤觀念，以為修禪是專為禪宗而設的法門，只有禪宗才需要禪修。實際上，原始佛教和佛教理論的出現，都是我們的佛祖——釋迦牟尼佛透過修行禪定而創立。直至後期，歷代祖師們亦同樣經歷著深厚的禪修基礎和體驗，實證實修，新的見地不斷湧現，才分支出各種宗派的理論和修行方法。

因此，禪便是佛教，禪修亦非禪宗專有的法門。

（二）藉教悟宗：藉教悟宗是指依據教義理論指引的方法、觀念而修行、開悟；如果缺乏方法和理論，修行便顯得無從著力。

佛陀在成佛以前，曾經體驗諸多的修行方法而致開悟，之後則繼續在當時的印度說法。佛陀曾說過，在有佛法的時期，沒有人能夠不依據佛教的教理和修行便能開悟。因此，如果有人主張不需依據佛法也能開悟，並且自稱是佛教徒，甚至吹噓自己已經開悟成佛，這都不是真正的佛教徒或佛教，只能稱為附佛法外道。真正的佛教徒，必定以佛經、佛教的觀念及方法，做為標準和修行。

二、佛教的基本原則

某些宗教名義上宣揚佛教，但偏離佛教的原則和理念，這是其他宗教自己的理論而非佛教。同時，如果只空談佛法，研究佛經、引用佛經卻缺乏實際禪修的基礎和體驗，則是在數他家寶。

至於如何分辨是否合乎佛法原則，可用「三法印」來印證，「三法印」分別是：

（一）**諸行無常**：一切心理的行為都在不停地變動。

（二）**諸法無我**：是指一切的生理、物理、自然、社會等現象及至心理現象，均沒有不變的自我存在。

（三）涅槃寂靜：「涅槃」是不動、空的意思，也是宇宙人生的根本。「空」是指一切現象皆由於因緣的不同在不斷變化，在變遷不已的當中，唯有「空」永恆不變。所以，「涅槃」就是不生不滅，不垢不淨，不增不減，靜止不動。

佛法的基本，必須合乎「三法印」的原則；實踐修行，則應以「戒、定、慧」三無漏學為方針。

「戒」是生活的規範，作用是保護身心不受汙染；能夠持戒清淨，便不易落入魔障；從持「戒」達到內心安「定」而產生「慧」。

由於禪宗是以心為本，教外別傳，不立文字；因此真正的禪是無法用任何語言文字表達。但是，禪仍然需要以文字來指導修行，就如同以手指指月，手指雖非月亮，但能讓我們循著它看見月亮；只有明心見性，真正開悟的人才能完全不需要文字。

三、正統的偉大宗教

一個正統的宗教，應該具備以下三個條件：

（一）歷史悠久的背景：有史以來，地球上有不少的宗教產生及滅亡，其中許多宗教只局限於某一個區域或某個時間，幻起幻滅，不能源遠流長。也有些宗教只是隨創始人而興起，當創始人過世後，其宗教亦告沒落消失，經不起時間及空間的考驗。凡此種種，皆不能稱為偉大的宗教。

（二）**歷久常新的教理**：所有的教義及方法，隨著時間的增長，無論在任何時刻，仍能不斷產生新的觀念及方法，而不違背基本的原則。

（三）**適時適地的道德**：偉大的宗教，必須不論處於任何時間、地點，均能合乎當時、當地的道德標準。

健康的宗教精神還應包括人間性、關懷性、理智性和超越性。人間性、關懷性、理智性是屬於人間層次；宗教層次則再加上超越性，也就是包容而不執著。

四、什麼是正信的佛教？

（一）**不是世俗化，但是人間化**：人與人之間，彼此互相真誠關懷，但不會情緒化和涉入私人感情的恩怨是非。

（二）**不是鬼神教，但有人天教**：承認和相信鬼神的存在，但不依賴鬼神。知道人死後能生天界，但不以生天為依歸。無論在人間或天上，均須合乎相當的道德標準。

（三）不是厭世的，但是出世的：無限制地對社會付出關懷、貢獻，但不期待自己的努力會得到回饋。

（四）不是戀世的，但是入世的：為了幫助有需要的人，參與社會世間的一切，但不貪戀執著。

世間、出世間、入世、化世、救世的層次，也就是人間、天神、阿羅漢、菩薩和佛五個層次。

人間是從做人的基礎開始，履行應盡的義務，合乎人間的道德標準；如果一切貢獻和付出超越於人的層次，便可得生天界的果報；阿羅漢雖然付出對於社會的關懷，但是從不寄望自己的成就有所報酬或回饋，並且也不執著、留戀這世間，因此證入涅槃，從此不再生於人間，稱為出世。

菩薩由於慈悲的願心，發願生生世世在人間幫助、關懷一切眾生，因此並不以小乘的涅槃為依歸；直至慈悲與智慧修行圓滿，也就是菩薩道的完成，便成佛道。

因此，要發願成佛，首先要盡人的義務，把做人的本分做好，從人間的層次順次提昇；否則，人間的責任尚未完成卻終日指望生天或成佛，那是不切實際。

由此可知，行菩薩道的開始，是以盡人的責任為目標。因此，菩薩會以種種不同的身分示現；而且菩薩是入世的而不戀世，所以他們只管承擔責任，不斷努力提供世間所有人的便利和度脫各種苦難，不在乎一切權利和物質的享受。當然，如果是實至名歸，必須要接受的，接受了亦無妨，例如今天我被安排在這高位置上，是因為演講的需要，而我本人卻並非為了追求這個位置而來演講的。

佛與菩薩都是從幫助眾生而成的，沒有眾生，所有菩薩終不能成佛，因此，行菩薩道的人會對被他幫助的人心存感激，感謝被幫助的人成就自己的修行。假如一個家庭，其中一位成員發菩提心，修行菩薩道，這個家庭必然很有福報。

五、佛教的禪修方法及目的

許多慢性病，都是由於生活壓力和精神緊張所引起，透過禪修，能令身心放鬆、平衡和促進健康。簡單的禪修方法為：

（一）**放鬆身心**：採取自然舒適的坐姿，身體放鬆，雙手垂下放大腿上，腳部平放地上。閉上眼睛，眼球不要用力，身體靠往椅背。讓臉部肌肉放鬆，然後，慢慢往下移，放鬆肩膀、雙手、大腿，最後是小腹，以致身體全部放鬆。心中不存任何念頭，輕輕注意呼吸，但不刻意控制呼吸，只是享受這種很舒暢的感覺。

（二）**統一身心**：當身體的感覺不再構成內心的負擔，只是知道身體的存在，但不在乎身體所引起的反應；對於周圍環境感到很親切、和諧，如同與整個宇宙合而為一。這時候，自我中心仍然存在，唯有進一步放下身心，才能達到無我的境界。

（三）**放下身心**：放下並非放棄，身體、念頭依然存在，正常運作，只是不再執著自我中心。這是從修行的經驗上，逐步漸修而進入無我的境界，與觀念上的無我不大相同。現代人往往追求速成效果，希望能從知識及觀念上的認知，達到頓悟、開悟。其實，在觀念上認識「無我」，只能有助於經驗上實證「無我」，但無法代替修行者達到開悟的境界。因此如果要實證佛法，必得要經過修行，否則，僅是紙上談兵，不切實際。

正確的修行態度與觀念應該是重視內心的自在，但是，現今社會上依然有很多人，甚至是受過高等教育的知識分子，還是著迷於神通本領。

曾經有一位喇嘛，希望到西方國家弘法，他的師父勸告他要先修行神通力以便接引信眾，弘法較為方便。於是，他夜以繼日努力，終於練就了一種「神通」

本領，可以幫人把遺失的物件尋回，原意是以此做為弘法方便的工具；不料很多人紛紛慕名而至，目的只是為了從他施展的神通當中獲得個人的好處，而非為了聽聞佛法，這就是本末倒置了。

（一九九五年四月三十日，講於佛州 Tampa 南佛大學 USF 管理學系，李果嵩整理）

禪與淨土的修行法門

一、佛法、佛教、佛學

佛法是釋迦牟尼佛成道之後所說的，包括成佛的觀念、成佛的目的，以及如何成佛的方法。

釋迦牟尼佛在成佛以後，把自己的經驗和自己所發現的宇宙人生道理告訴別人，這些人後來就成為他的弟子，而這些弟子們漸漸形成了一個團體，這就是佛教形成的過程；因此，佛教就宗教的形式來說，包括了信仰的成員、團體的制度，以及團體成員所做的事情。

為什麼在釋迦牟尼佛涅槃之後，佛教還能夠繼續在我們人間流傳那麼久？甚至流行於全世界各地？因為它具備了三個條件：1.有一個人格非常健全的教主釋迦牟尼佛；2.有相當高深的理論基礎和教理；3.有高度道德標準的信徒所組成的團體。也就是說，因為佛教具備教主、教理、教團這三個要素，所以才能夠成為一個可大可久的宗教。

佛學就是對於佛法、佛教的內容，以及它的教徒、教理、教團的哲學思想、行為現象及其歷史文化的各種研究。佛學有點類似西方的「神學」，凡是研究西方基督教理論的學問，都屬於哲學的範圍；因此，佛學也可說是以研究佛教為主的哲學。不過，現在佛學探討的領域愈來愈廣，凡是研究佛教的學問都可以叫作佛學。

佛法、佛教和佛學三者之間的關係是非常密切而不可分割的，否則，佛教就不能成為一個可大可久、世界性的偉大宗教。從歷史來看，凡是對於世界有貢獻的佛教徒，他一定不僅僅是位宗教家，同時也是一位學問家、一位大修行人及社會工作者。這也就是為什麼佛教在兩千五百多年後的今天，還能受到廣大世界的歡迎和重視。

二、禪與淨土都是整體的佛法

禪，在印度就是禪定，在中國才形成禪宗。其實不管佛教的哪一宗、哪一派，禪定都是共同修行的項目，凡是能夠使心清淨及安靜且生出智慧的，那就是禪。

淨土則是佛教對這個世界教化的理想境界。以宗教的信仰來說，除了我們人間的淨土之外，還有天上的淨土和佛國的淨土；而在佛國的淨土之中，也有許多不同的佛及不同的淨土。淨土的共同性是沒有犯罪的行為，也沒有煩惱的現象。至於另一種自心淨土，則是在各人內心的體驗。

我在美國南方弘法時，曾經有一位懷抱移民美夢的旅館老闆告訴我，他經營這個旅館非常辛苦。我說那是很正常的，這個世界上沒有不辛苦的地方；老闆娘則很感歎地說，美國和其他地方一樣，也是一個娑婆世界，一樣非常地辛苦。

那麼，在佛國淨土是不是也很辛苦呢？不會的！因為吃的、穿的、用的都不必以工作去換取。在淨土中只有精神體而沒有肉體，所以很多因肉體才有的問題都會消失。不過這種淨土的景況，當信仰非常堅定，並且有工夫把心安定下來的時候，在我們人間也可以體會得到。

三、禪與淨土都是佛學

禪宗和淨土宗都是以佛法為根據，而且都有很悠久的歷史，但是卻各有不同的理論和修行方法，很多人都在研究，所以也算是一種佛學。

經常有人在介紹我的時候，都會提到我有一個博士學位。但是也有人批評說：「做個和尚哪裡需要博士學位！」或是說：「哪裡需要那麼多學問啊！」其實，不但在今天或是在歷史上，凡是很有貢獻的出家人，多半都有很好的學問。如果我沒有學問，或許今天我就沒有辦法對諸位知識分子做這樣的演講。

也有很多人認為禪宗不立文字，所以不需要學問，而且禪宗的六祖惠能大師就是個不識字的人，其實，這未必是事實。因為《六祖壇經》中就引用了至少五、六種以上的佛經；由此可知六祖雖然不是一位學問家，但他對佛教的經論卻是懂得很多。事實上，雖然禪宗不立文字，但在中國的八大宗派之中，禪宗留下的文字著述最多，這真是一件非常有趣的事。

另外，也有人說：「既然只要念阿彌陀佛就能往生西方，淨土宗也就不需要有什麼學問，一句阿彌陀佛，一切問題就都解決了！」這些都是懶人講的懶話。

淨土宗的很多大德，包括出家的和在家的修行人，都留下了許多的文字，引經據典說明淨土是非常重要、非常可靠的修行方法；淨土宗的經典，甚至有很多是需要對照梵文才能夠理解的。因此，淨土宗也有很高深的學問。

我是一個研究佛學的文學博士，對佛學各宗派不敢說全懂，不過我也出版了一冊《念佛生淨土》，歡迎諸位參考。

四、禪的修行方法

禪的修行方法可以分為兩大類，第一類是用「五停心觀」，讓我們的心先安定下來，進而達到解脫的目的。

第二類是用中國禪宗「參話頭」的方法，把我們的妄想心全部粉碎，在去掉自我中心後，智慧就會顯現出來，這便是開悟。

不論是用那一種，禪的修行方法，首先要讓身體、頭腦和心情放鬆，然後才能夠安定下來。我常常教人簡易的放鬆方法，就是注意自己的呼吸，在緊張的時候、有煩惱的時候都可以因此得到紓解。這一簡單的方法在平常的生活中已是夠用的，但是如果要繼續深入，則要請老師另外指導。

五、淨土的修行方法

淨土念佛而獨立成宗，是只有中國和日本才有的；它重視信仰、發願以及修行；修行的方法又分兩種：一種是專心念佛，一種是要修發菩提心等三種清淨的福業。

信，是信阿彌陀佛發的願，即任何人相信且發願往生到阿彌陀佛的淨土，就能夠去。修行的方法，就是要專心念「阿彌陀佛」或「南無阿彌陀佛」，聽你自己在念佛的名號，讓你的心不斷專注在佛的洪名聖號上，這和禪宗看呼吸的方法是類似的。

但是除了念佛以外，自己在這個世界身、口、意的行為也要清淨，還要修三福淨業，否則仍然是不能去淨土的。當然，如果修行不足，光靠願生，即使因為佛的慈悲而勉強去了西方淨土，還是不能立即面見阿彌陀佛。

很多人以為，修淨土法門只要念佛就夠；事實上，還要做很多慈善事業。而且佛教的精神就是要學佛和成佛，如果要學佛，就要先從菩薩做起。菩薩的精神就是不為自己享福，只是幫助眾生離苦。因此，為求生淨土，首先就要發起這種利他的菩提心。也就是說，先要盡力照顧人間，同時願生西方極樂世界，這才比較可靠。

過去，歐美西方人士願意接受禪的修行方法和觀念，但是很不容易接受淨土宗，這是因為他們已經有了相似佛國淨土的基督教天國思想和信仰；可是依我所解釋的淨土思想，相信西方人士也可以接受的。因為念佛可以使心安靜下來，使身體減少痛苦，進而生出智慧；有了智慧便能消融煩惱、排除困難、解決矛盾衝突。所以，念佛雖然能生西方，但不一定為了生西方才需要念佛。

曾經有一位婆婆老嫌媳婦不孝順，常常數落兒子和媳婦的不是；她的媳婦聽了很煩，所以也常常訴說婆婆的不領情以及頑固，甚至想要把婆婆請出去，讓她一個人自己住。結果，她們兩個人一前一後都來見我。

我勸那位婆婆從今以後不要再叨唸兒子和媳婦，愈唸會愈倒楣，要念還不如念阿彌陀佛，念佛會愈念愈有智慧、愈有福報。

至於那位媳婦來找我抱怨婆婆的時候，我也勸她不要老是埋怨她的婆婆，要念就念阿彌陀佛。後來，由於婆媳都念佛，兩人從此相安無事，可見念佛是可以化解煩惱，得現世利益的。

法鼓山〈四眾佛子共勉語〉的最後一句話是「聲聲阿彌陀佛」，如果你把對別人講壞話、說閒話的時間，都用來念「阿彌陀佛」，你一定會有很好的人緣、很高的智慧，也就沒有煩惱了。

六、禪和淨土都是實用的法門

禪和淨土都是實用的法門，在修行的過程中，就已經可以得到很大的身心利益。過去，很多人都誤解，以為學禪就是為了開悟，不開悟就等於白費；修淨土就是為了了生死，未去極樂世界之前就以為沒有用。

其實，不管是學禪還是學淨土，都可以在生活中隨時隨地得到好處，而且也能開悟，也能往生到淨土。開悟的人一定可生淨土，未開悟而願生淨土的人，也可以生淨土，生到淨土的人也必定能開悟。

七、法鼓山的理念

法鼓山的理念是：「提昇人的品質，建設人間淨土。」這與今天的主題有關。因為在我們未成佛之前，先要把人做好；在未到西方淨土之前，必須先做好關懷人間社會的工作。法鼓山用各種方式的教育來做好關懷的工作，同時以關懷人間社會的方式，來達成教育的目的。

我們這個娑婆世間不是淨土，常常有暴力、犯罪、災難的情況；如果自己不得已遇到一些不幸的事件，那正是讓我們成長的因緣，得到更多經驗的機會。不過我們也不要老是只關心自己的安全與幸福，而忽略了社會的安全與安樂，還是要照顧別人。更進一步，我們除了希望得到佛、菩薩的幫助，其實也應該學一學佛及菩薩，讓別人遇到我們，也像遇到佛、菩薩一樣，而得到幫助。

我們佛教徒，不管是修禪還是淨土，都是在學菩薩、學佛，否則的話，就不能開悟、就不能見佛成佛。也就是說，對他人和社會大眾沒有關懷、沒有慈悲，想要修行佛道成功是不可能的。所以，信佛就是學佛，終究要使自己的人格和佛一樣。學習佛的智慧與慈悲，才是信仰佛教的目的。

佛教是以學法為目的，法是佛所說的，例如禪和淨土等的修行觀念及修行方法。而法是從佛而來，再經過僧團的人一代一代從印度傳承到現在。如果有人說他自己沒有傳承，自己就是佛，那是有問題的；那也許是另外的一種新宗教，但絕不是佛教。

我則是經由我的老師傳授和證明，把佛所說的修行方法和修行觀念介紹給大家，這才是佛法。

（一九九五年四月二十九日，講於美國佛羅里達州立中部大學，曹永祥整理）

禪與精神健康

一、物質的享受不可靠

物質的享受是永遠無法使人的心或精神感到滿足與安定，但是，人們卻經常都是在追求物質生活的滿足，企圖讓自己感覺安全和可靠；而所追求的內容，都離不開衣、食、住、行、男女感情等。偏偏這些東西追求愈多，給人們增加的麻煩和困擾也愈多。

這就像口渴的時候用鹽水或海水來解渴，愈喝愈渴，愈渴愈想喝；雖然喝鹽水止渴這種經驗大多數人沒有，但是生活裡感覺不安全和不滿足卻是事實，否則大家今天晚上也不會來聽這場演講了。

我有一位信眾，他有兩幢房子，在沒有買房子以前，生活過得很快樂；現在有了兩幢房子，他變得非常擔心。尤其最近房地產走下坡，他很想賤價賣掉房子，但又捨不得；不賣呢，貸款的負擔又很重；於是患得患失，內心充滿了不安，毫無安全感可言。所以說，追求物質的享受，絕對是不可靠也不究竟的。

二、心靈的追求不容易

我們應該把生命的重心朝精神層面追求，因為那會使我們感覺有依靠、有寄託；但要在精神層面求得安全的保障，也是不容易的。

例如：有些人信仰宗教非常虔誠，也有人對自己的哲學思想深信不疑，有了這種精神上的依靠和寄託，是可以讓他們安身立命、身心健康。

當有的人在藝術方面，或在工作上有很大的成就、很順利的時候，就會感覺到生活的安全和生命的充實。但如果這份成就在他的生命中並未得到客觀環境的肯定，他還會感覺到生命是很有意義的嗎？這就值得懷疑了。

我認識一位很優秀、很努力的藝術家，但是他的畫就是不賣錢。我對他說：「你的畫很好，或許是現在的人還不懂得欣賞，你千萬不要失望。」

他很沮喪地說：「我不知道自己的藝術生命將來會不會有人欣賞？」

我說：「沒有關係，等你死了以後，也許就會有人懂得你的畫，像梵谷那樣不是也很好嗎？」

他說：「像梵谷那樣很可憐，自己沒有發財卻讓後人發了財。」

可見這位畫家並未肯定自己的努力，所以在不順利的時候，就對自己的生命產生懷疑。

三、禪法即是安心的方法

禪法，就是用來安心的觀念和方法。釋迦牟尼佛年輕時，因為看到人有生老病死之苦，不知如何解脫，所以出家修行，悟得安心之道；他說法四十九年，都是專為人類做安心的服務。他告訴我們，身體需要物質來幫助，需要醫藥來治療，但心要依靠佛法的救濟。

身體的健康固然重要，可是如果心理不健康，即使外表看起來健康，也仍是一個有病的人。通常自認為身體健康的人很多，因為他們不知道身體是否有病，如果沒有感覺不舒服，就認為是健康的；可是，自以為心理完全健康、完全沒有問題、很正常的，恐怕就沒幾個了。

如果想要身體的健康必須要有適度的運動，可是心理的健康正好相反，必須要有適當的安靜；身體最好每天都有運動時間，心靈則最好每天都有安靜的時候；通常，人們可能每天有運動的習慣，卻很少有讓心安靜一段時間的習慣。

禪的心理治療，即是為人安心的方法，其中包括兩項：一是放鬆身心；二是放下心中的牽掛。這需要練習，如果僅是知道而不去練習，是沒有用的。但是，這種放鬆和放下也只是暫時的，不是永久的，因為一般人做不到一次放下就永遠放下，可能可以放下一、兩分鐘，但之後還是放不下。不過，人們多半需要先練習暫時的放下，然後才能永久的放下；也就是說，永久的放下，通常是從暫時的放下開始。

中國禪宗有頓悟與漸悟之說，「漸」是經由方法的不斷練習而讓心理愈來愈健康；而「頓」是不需要用方法，一下子就開悟，一下子就放下牽掛，所以很多人喜歡「頓悟」。

不需修行而突然頓悟是有的，但非常稀有難得，一般人還是需要在平常生活中練習方法。例如：在一天中找出幾個時段，或者當知道自己心理發生問題的時候，就用放鬆身心的方法來幫助自己。

四、禪宗的安心故事

頓悟雖然不容易，但它卻是非常地迷人。一個人頓悟以後，他一定是個心理健康的人。中國禪宗有很多有名頓悟的故事，例如：

曾經有一位出家人去向曹洞宗的第二代曹山本寂請法。那位出家人說：「弟子通身是病，請和尚替我醫。」

曹山本寂說：「我不醫。」

那位出家人說：「你為什麼不醫。」

曹山本寂說：「我就是要教你求生不得，求死不得。」於是這位出家人就開悟了。

這個故事的涵義是什麼？求生求死，就是有生有死，是兩個極端，如能既沒有生也沒有死，那還要醫什麼病？

雲門文偃是禪宗五家之一的雲門宗第一代祖師。他還未開悟以前，內心很不安寧，有一天他去參訪他的老師睦州道明禪師，希望得到幫助，但是當雲門敲門，道明禪師開門一見是雲門，馬上就把門關起來，一連數日都是如此；到最後，雲門學乖了，當道明禪師一開門，他馬上把一隻腳跨進門裡，道明禪師就抓住他說：「你說！你說！」那時候雲門不知要說什麼好，道明禪師就趕他走，但他不肯走，道明將門用力一關，結果把他一隻腳關斷了，就在那一刻，雲門心中所有的問題都解決了。

這看起來好像很容易，被門關斷一隻腳就開悟了，其實雲門心裡本來有很多很多的問題，經過很長時間都找不到答案，當他想請求禪師幫忙的時候，禪師卻把問題交回給他自己去解決，由此令他發現，想求得一個安心的法門是多餘的。所以他的開悟並不是因為腳斷了，但如果腳不斷，他卻也開不了悟。

這個故事裡的雲門是漸悟還是頓悟？有人說漸悟，有人說頓悟，兩種都對，為什麼？依故事的事實來看，他是頓悟；但這之前他心中的問題已經存在很久了，甚至在他出生之前就已存在，因為有問題，所以才到處尋訪明師來幫助他，一直到遇到睦州道明禪師時，才得到了解決，這也不能說不是「漸」。

五、安心的基本態度

從禪的立場來談心理治療，也就是安心的方法與過程。人們心理不安定的原因，其實從出生開始就已經存在了，如果長大後還沒有意識到自己有問題，那才是真正的大問題。在這個世界上，心理完全沒有病的人是沒有的，既然大家會來聽這場演講，就表示你自己或他人有需要幫忙的地方，從這點來看，你已經是一個正常、健康的人。

基本上當你發現自己有問題、有病，而不隱藏自己的問題和病，這種態度就是一種健康的行為。

平常生活中，禪如何教人安心呢？禪的態度是：知道事實，面對事實，處理事實，然後就把它放下。無論遭遇何種狀況，都不會認為它是一件不得了的事，如果已經知道可能會發生什麼不如意的事，能讓它不發生是最好的；如果它一定要發生，擔心又有什麼用？擔心、憂慮不僅幫不了忙，可能還會令情況變得更嚴重，唯有面對它才是最好的辦法。

經常有一些患了癌症的病人來看我，因為醫生已經宣布他們的生命快結束了，他們好像是來向我求救，又好像是來向我告別。

我給他們的建議是：一，不要怕死；二，不要等死。需要治療就要接受治療，能做什麼就做什麼，能吃什麼就吃什麼，過正常的生活；不勉強自己，也不要對自己的生命完全失望，這種態度就是禪的態度。

生活很重要，生命很可貴，不要被別人嚇壞，也不要自己嚇自己。偏偏很多人情況明明沒那麼糟，或是事情已經發生了，不能面對接受，還要擔心憂慮，結果反而是被嚇死的，或憂愁而死的。所以，用禪來安定心的方法，就是應該怎麼做就怎麼做。

禪宗有這麼一則故事，有一次，趙州在寺裡見到一個僧人，就問他：「你在這裡住了很久吧？」那僧人答：「是的。」趙州說：「那你喝茶去。」然後他又見到另外一位僧人，問他：「你在這裡住了很久嗎？」那僧人答：「不，我是新來的。」趙州說：「那你喝茶去。」寺裡的院主看到這情形很不明白，就問趙州：「怎麼和尚對於舊住眾、新來眾，都叫他們喝茶去？」趙州就跟他說：「你也喝茶去。」

這就是非常有名的「趙州茶」公案。這個故事中究竟發生了什麼事？很多人都在猜這到底是什麼意思？其實很簡單，因為那時候剛好是喝茶時間，趙州禪師遇見任何人都請他去喝茶。也就是說，生活就是生活，什麼時候該做什麼事就做什麼事。

體驗生活，享受生活，認真地生活，是很重要的。

六、禪宗的安心層次

從漸悟的法門來看，修行過程中禪的安心方法是有層次的。首先要把許多複雜的念頭從外面、從各種各樣的對象上收回來。這好比兩個人在吵架，要有第三個人把他們分開，或把其中一人拉走。

曾經有位居士住在我們寺院中，這位居士經常發脾氣，我的一位出家弟子每次看到這位居士發脾氣，就馬上注意自己的呼吸，馬上注意自己的心為什麼會覺得很煩？這就是把心從外面的對象收回來。

當你不想跟別人吵架，對方偏要找你吵架的時候，無法避免，逃也逃不掉的時候，可以試試這個方法：注意自己的呼吸，注意自己的心念。當然，如果你很喜歡吵架，或認為吵架是一種享受，那就另當別論了。

今天我從報上看到一則報導，有一對八十歲的老夫妻，每天都吵架。他們二十歲的時候就結婚，到現在已經吵了六十年，他們認為吵架是一種健康的溝通。如果不能像他們一樣，對吵架有另外一番看法，那麼最好還是用收心的方法，把心從外境收回來。

當你把心收回來後，就要令它平靜。令它住於方法，這叫作攝心。攝心的方法有多種，例如：數呼吸、參話頭和只管打坐。我們每個人都有呼吸，隨時隨地都在呼吸，因此數呼吸是最好用的方法，至於參話頭和只管打坐則屬於禪宗的專修法門。

當你經由修行，而令自己的心安定之後，必須連這個安定的心也不要執著。因為如果只是一味令心安定下去，到後來可能變成一個很消極的人，可能隨時隨地只希望打坐，不想跟任何人接觸。唯有能夠做到連安定的心也不執著，也能放下的時候，才算達到真正的心理健康。

這個從收心、攝心到放心的修行過程，也就是從散心、專心、統一心到無心的過程，可以用人騎馬來做譬喻：

（一）**散心修**：第一階段，騎馬的時候，知道有馬，知道馬很不好騎，因為那還是一匹未經訓練的野馬。這裡所說的馬，是指我們充滿雜念妄想的心，這些雜念妄想一刻不停，不受控制，正如一匹野馬。

（二）**專心修**：逐漸地，進入第二個階段。騎馬的時候，知道有馬，但馬已能夠聽從自己的指揮。這表示你的心已比較安定，表示你已能夠照顧自己的心，如果有人找你吵架，或批評你，讓你感覺不舒服，你也已能夠做到不太受影響。

（三）統一心修：第三個階段，騎馬的時候，不再感覺有馬。這就像最好的騎士騎在馬上，馬跑得很快，人已忘了馬，馬也忘了人，而到達人馬一體的境界。修行到這個階段，周圍環境裡的任何人、任何事對你來說都是一體的，不是分割開來的。這時候，你對一切人、一切東西都感覺到很親切，因為它就是你，你就是它。

（四）無心修：但到達了統一心，還不是最好的，第四個階段叫作無心修，這時候，不覺得有馬，也不覺得有人。這也就是前面提到的，不執著心理的安定或不安定。但是，這並不等於什麼事都不做、什麼事都不管了，而是生活就是道場。這時候，你會活得更正常、更平和、更有愛心。

黃檗希運禪師說：「終日喫飯，未曾咬著一粒米；終日行，未曾踏著一片地。與麼時，無人我等相，終日不離一切事，不被諸境惑，方名自在人。」這就是說，在日常生活中的一切，沒有喜歡或不喜歡，只是那麼自然地生活著，這就是自在，就是得解脫。

如果我們能夠以這樣的態度來生活，來適應我們的環境以及環境裡的人，我們便會減少很多麻煩；但是，還是要有自己的立場，不會因此放棄自己的立場，例如：我是一個和尚，沒有老婆才是對的；你們是在家居士，有老婆則是對的。所以，每個人都有自己的立場，應該被尊重。人與人之間有許多問題的發生，多半是因為我們經常站在自己的立場而否定別人的看法和想法，才引來很多的困擾，最後演變成心理的不健康。

七、問答討論

問：如果一個人對心靈方面的追求，已經有過一段很長的時間，但仍然覺得內心充滿煩惱。他該怎麼辦？是否應該繼續追求下去？

答：煩惱原來是虛妄的，心中無執著，煩惱便消失。這樣的情況，可能是因為觀念不是那麼正確，方法不是那麼有用；也可能煩惱事實上已減少了，但自己卻不知道，或對自己的進步不滿足。

我借用一個譬喻，黎明前總是最黑暗的，如果覺得一片漆黑，可能離天亮已經不遠了。

（一九九五年十一月六日，講於紐約臺北劇場，聽眾全為西方人士，朱碧玲整理）

禪與現代生活

禪是智慧的、安定的、清淨的。智慧是不被環境所困擾；安定是不被環境所混亂；清淨則是內心不隨外境的雜亂而雜亂，不隨外境的汙染而汙染。

一、禪修與忙碌的現代生活——忙而不亂，享受呼吸

現代人是非常忙碌的，除了街頭的流浪漢，以及好逸惡勞的懶散者之外，大家都在忙碌過日子。

忙碌的原因是什麼？多數人只是為了個人糊口，或為家庭生計，或為事業打拼，少數有理想抱負的人，幾乎都是為社會大眾的安全幸福而忙。不僅是為目前，也為未來。

我是一個非常忙的人，但不會忙得心頭發慌，心慌則煩亂，心亂即煩惱。從

禪的立場來看，如果處理得當，忙也可以當作消除煩惱的修行方法。所以菩薩愈忙，道心愈高。

一般人在不忙的時候，不是空虛無聊，就是胡思亂想；可是忙的時候，又覺得頭昏眼花，甚至手忙腳亂，那也不好。所以當你正忙得起了煩惱時，不妨用禪修的基本方法，放鬆身心，注意呼吸從鼻孔出入的感覺，享受呼吸、體驗呼吸，沒有多久，就能夠心平氣和，頭腦清醒了。

二、禪修與緊張的現代生活——放鬆身心，體驗感受

現代人的生活，無時無刻、無方無處，不是在緊張中度過。不論是吃飯、睡覺、逛街，甚至到海灘游泳、山上度假，都是緊緊張張的。

最近我去了一趟羅馬，吃午飯時由於要趕時間，必須在半小時內，進出餐廳、點菜、吃飯，可是等飯菜都到齊之後，時間已所剩無幾，只得草草了事將食物往嘴裡塞，那已經不是在咀嚼、欣賞、品味，而是將食物囫圇吞下肚子裡去。

現代社會中，需要看心理醫生的人愈來愈多，主要原因就是使人緊張的情況太多了。例如：家族間的關係，輕鬆的時間少，緊張的時間多；在工作場合、社

交場合，與人相處的關係也是輕鬆的時候少，緊張的時候多；即使在休閒活動、出外旅行時，隨時隨地都會讓人擔心安全沒有保障，害怕可能被喝醉酒的人駕車撞上，擔心一個不小心皮包可能會被人搶走了。舉凡人與自然、人與社會、人與家族，乃至人與自己身心狀況的不平衡，都會造成身心的緊張，輕者覺得無奈無助，重者變成焦慮恐懼，躁鬱症的精神病現象，便很普遍地發生了。

容易緊張的人很可憐，可是偏偏我們多數的人只要事情稍多，時間較少，或者工作較重而又所知不多時，就會開始緊張了。如果是有精神病傾向的人，更難放鬆他們的身心，不論白天或夜間，可能都是緊繃著的，嚴重者必須靠鎮靜劑來幫助精神暫時得到舒緩。

因此從禪修的立場來看，只要在平常生活中發現有緊張狀況時，便應隨時將頭腦放鬆、肌肉放鬆；假如無法放鬆身心，也可以轉而將自己放在客觀的立場，體驗身體的情況，感受心念的狀況，也可達到放鬆的目的。

三、禪修與快速的現代生活——趕而不急，動中有靜

現代人的生活，樣樣都是快速的。乘的是快速度的飛機、船隻及車輛，用的是

快速運作的工具及機械，吃的是速製速食的快餐，連結婚、離婚也都是閃電式的。

「快」究竟對不對呢？雖不能說有錯，但是一般人在趕工作的時候，很容易是緊張的，會失去自我主宰而變得隨境而轉，只知道跟著環境的人事物，快！快！快！並未思考為什麼要跟著大家那麼快。雖然工作的效率快，競爭力就會提高，但在快速之中，可能也會著急，一急之下，情緒容易失控而生氣，一生了氣，就很可能捅出漏子來了。

不過，人在一生之中，縱然活到一百歲，也僅三萬六千五百天，一天之中能工作的時間也是很有限的，想把工作做得既多且好，不快不趕也是不行的。如能計畫明確、步驟清楚地趕工作，就不會緊張；唯有毫無頭緒、急急忙忙地搶時間，才會造成緊張。因此我主張：應當忙中有序地趕工作，不可緊張兮兮地搶時間。

禪修者的生活態度是精進不懈、為法忘軀，願度無邊眾生，願斷無盡煩惱，願學無量法門，願成無上佛道，那得趕、忙、快地進行，但仍須經常保持輕鬆愉快。

我有兩位性格完全不同的弟子，一位是慢手、慢腳、慢脾氣，不論是雙手的動作及走路的動作，都是慢慢吞吞的，永遠不急也不生氣，但是，他的工作效率並不差。另一位弟子則是整天看他忙東忙西，忙得團團轉，而且老是在埋怨著說他只有兩手兩腳，工作又這麼多，因此，經常是又焦急又生氣，工作品質也只是普通。第一位採用的是禪修者的心態和方法，另一位對禪修方法，尚未用上力。

對這兩種狀況，我的建議是，能夠做到趕和快而不著急，當然很好，否則寧可工作效率低一些，也要保持身心的輕鬆愉快。

四、禪修與疏離的現代生活——人人是佛，血肉同體

疏離，就是人與人之間的距離很遠，彼此互不關心、不相往來。譬如說，現代家庭的夫婦，從事不同行業的工作，孩子在不同程度的班級讀書，甚至一家人都在外地就學、就業，不僅白天不易見面，連睡覺或休息的時間，也有差異，一天之中夫妻倆可能講不到半句話。父母和幼小的兒女之間，也好不了多少，孩子被送到托兒所，或由保母照顧，能每天早晚相聚已很難得，有的在一星期之中僅見數面。至於住在高樓公寓中的現代人，對隔壁的鄰居是誰漠不關心，能於上下電梯中相見打一聲招呼，已覺多餘，彼此姓什麼？做什麼？更無暇知道，古代守望相助的鄰里感情已不再見。

最近我在乘飛機的途中，有一位服務了十二年的空中小姐，希望我替她算

命，讓她知道什麼時候可以結婚。她是找錯人了，但是我問她說：「妳天天在飛機上飛來飛去，接觸的人那麼多，怎麼會遇不到一位可以嫁的人呢？」其實，她每天面對的對象雖然不少，卻都是陌生人，沒有一位是她認為可以談心的人。

若以禪修的立場來看，應該體驗人與人之間的關係，就像在佛國淨土中佛和菩薩的關係一樣。我們雖然有認識及不認識的不同，但是互動的關係是非常密切的，共同生活在同一個地球世界上，連彼此的呼吸都是息息相關的，雖不是血肉相連，卻是聲氣相通的；如果心中產生這樣的親切感時，接觸到任何一個人，豈非都像是自己的親戚和朋友？

若能再進一步用禪修的方法，將小我擴大提昇到大我，便會知道，所有的人都跟自己密不可分，那麼，對任何人都不會覺得是那麼疏離而陌生了。

五、禪修與物質的現代生活——需要不多，知足常樂

現代人的物質生活非常豐富，生活環境卻因此而變得極為複雜。因為物質愈豐富，人類的欲望就愈強烈，見到人家有的，自己也希望擁有；已經便利的，希望更便利。由於這些欲望，使得我們的生活被物質所引誘，而喪失獨立自主的判

斷力和自信心。

有人形容物質文明和人類欲望的關係，就像一個人騎在老虎背上不能下來，因為一下來就會被老虎吃掉，他只能騎在虎背上，老虎跑得愈快，騎在虎背上的人也愈緊張，但無論如何緊張，也不敢讓老虎的腳步停下來。做為一名現代人，似乎經常是處於這樣的心情中。

對物質豐富的現代環境，不必努力抗拒，而要做到不受誘惑。如果用禪修的觀念來過生活，就不會由於物質環境的影響而產生苦惱。因為禪修的目的，是重於精神的自在和解脫，而且如能從中獲得平安，便不會以追求物質的享受，做為生活的指標。所以應該從精神層面多深入、多體驗、多努力，對於物質條件的誘惑，便有免疫的能力了。

我曾提出：「需要的不多，想要的很多」這兩句話，「想要」是貪欲的煩惱，「需要」只是生存的最低條件；「想要」的可以不要，「需要」的不是問題。禪修的人因為內心不會感到空虛不安，欲望必定減少，就能「少欲知足，知足常樂」了。

二十多年前我在臺北出席一項重要的會議，與會的人士都是有錢的商人及有地位的官員，開完會之後，服務人員來問我：「請問法師，您的車子停在哪兒？我們代您把司機請來！」

我說：「我的車子停得滿遠的，你叫它來，它是不會來的，因為那是公共汽車！」

這位服務人員替我委屈地說：「法師！您怎麼沒有自己的車子啊！」

當時如果我真的認為參加這樣的會議，非要有一輛自己的車子不可，豈不就是受了環境影響，而失去自我了嗎？

六、禪修與汙染的現代生活——知福惜福，淨化環境

大家都希望這個世間的環境，能愈來愈安靜、愈來愈清淨、愈來愈穩定、愈來愈有安全的保障；可是由於大家只知道追求個人環境的美好，卻忽略了整個地球的環境正在急速地遭受破壞。

生活環境中的汙染有四大來源：1.每個家庭每天都要製造很多的垃圾；2.醫院的醫療處理之後，也會產生很多的垃圾；3.為了農產品的化肥、用藥及養植，使得土地環境受到汙染；4.工業生產與科技開發，使得地球的地下資源、空氣資

源、水資源等，都受到嚴重的破損汙染。大家都知道這些問題必須改善，可是到目前為止，似乎還是束手無策，縱然有改善，但改善的速度卻遠不如破壞的速度。

其實，若要使得人類的生活環境不被汙染，最重要的根本，是在人類的心念，建立惜福儉樸的觀念，生活單純，物質欲望減少，心靈受到的汙染也就少，自然環境受到破壞的程度也會減低了。除了少欲知足之外，還當用禪修的方法，隨時保持安定、平靜的心靈；心不平衡，身體及語言的動作就會變得暴躁粗魯，自傷傷人，像一顆定時炸彈，若非自暴自棄，便成憤世嫉俗，困擾家人，破壞社會，不僅為社會環境、大眾心靈帶來汙染，也為他們自己帶來毀滅性的災難；就像在飢餓的雞犬群中，忽然又闖進一群飢餓的狼，弄得雞飛狗跳，人心惶惶，不可終日。

如果用禪修的觀念和工夫來幫助我們每一個人，使人人都能生活在安定的、平衡的、清淨的環境之中，那就是人間淨土。

七、禪修與焦慮的現代生活——本來無事，萬事如意

由於現代資訊傳播迅速，帶給人們焦慮的夢魘也相當多，只要社會中、世界

上、國際間，有一些風吹草動，不論直接或間接，不論是為自己、為家族、為社會、為國家、為政治、為經濟生活、為宗教信仰，凡是牽連到自身安危利害得失成敗的狀況，都令人無法高枕無憂。

昨天有位居士來見我，他的焦慮很多，起先只是因為夫妻感情不和睦，為了他的太太而焦慮，後來太太帶著孩子不告而別，他又為孩子的平安焦慮，弄得每天整夜失眠，白天心神恍惚，情緒陷於失控，於是又擔心如果連工作都做不好，那該怎麼辦？我只能勸他：「以智慧處理事，以慈悲關懷人。」

前天我也接到一封信，有一位太太她先生過世才不久，獨生的女兒又被不良少年誘拐跑了，在此同時自己身上又長了惡性腫瘤，必須及時開刀，可是她上班的公司老闆卻希望她馬上回去復職，否則飯碗就不保；但是醫生告訴她，如果不趕快開刀，病情會愈來愈嚴重；她若開刀又無醫療費可付，雖然手上還有些股票，可是現在正是股票下跌到了最谷底的當口，她又捨不得把僅有的股票賣掉，況且醫生告訴她，開刀也只有一半痊癒的機會……凡此種種讓她非常的焦慮，於是寫了一封信來向我求救。

我常常遇到一些好像正被困在火海之中的人，來向我求救。通常我會傾聽他們的問題，知道他們所焦慮的是什麼，但不會將他們的焦慮，變成我自己的夢魘。

我給他們的建議有一個原則：對感情的問題，宜用理智來處理；對家族的問題，宜用倫理來處理；即使發生了不得了的大事，也應用時間來化解、淡化；如果真是無法避免的倒楣事，那只有面對它、接受它；能夠面對它、接受它，就等於是在處理它，既然已經處理了，也就不必再為它擔心，應該放下它了，不要老是想著：「我怎麼辦？」而是睡覺時照樣睡覺，吃飯時照樣吃飯，該怎麼生活就怎樣生活。

如果用情緒來處理感情的事，用理論來處理家族的事，如同以剛克剛，以火救火，事情會愈弄愈糟。尤其在處理人際問題之時，必須要有慈悲心，多為對方設想，否則不但會得罪對方，連自己都可能無路可走。

處理事物問題之時，要有智慧，將問題客觀化；問題客觀化了之後，便能看清如何處理才是最好的。如果魚與熊掌只能選其一，應先把輕重緩急弄清楚了，應捨即捨，能取即取。

佛法告訴我們：諸法虛幻，無自性故；捨除我執，無常故空。禪法即是佛法，以禪修的方法觀照，便能超越自我的執著，超越「空」「有」的對立，也才能覺察到，天下本來沒有什麼事可讓你憂慮的；能知天下本來無事，便是萬事如意！

（一九九七年十月十九日及十一月二日，講於紐約東初禪寺，姚世莊整理）

禪與心靈環保

一、人類的生活環境

人類的生活環境大約有四種：

（一）物質的生活環境——衣、食、住、行、教育和娛樂等設施。

（二）精神的生活環境——屬於形而上的，超越物質的心靈活動範圍。

（三）人際關係的社會環境——個人與家庭、社會、國家間的人際關係。

（四）人類所依的自然環境——山河大地、森林、原野等自然資源。

不過上述四項都不是今晚所要討論的重點。諸位或許不免疑惑，我們的主題不就是上述的第二項嗎？怎麼又說不是？因為，今晚所要闡述的，偏屬於禪修者的心靈領域，這與世俗所說的精神生活大不相同。

二、禪修者的內心環境

（一）常人總是向心外的環境追求和抗爭

一般人總以為自己時時刻刻都和自己生活在一起，形影不離，所以只有自己最認識自己，最了解自己。然而卻很少有人意識到，大多數人只存活在自己的心外，而不是心內，能夠生活在自己心內的人極少。我們的生活所需泰半來自身外，所以就誤以為所有的煩惱困擾也都來自外界，於是不停地向心外的環境追求和抗爭。

驕慢心重的人，喜歡伸張自我、操控外境；缺乏自信的人又常覺得個人渺小無能，有如蜉蝣寄生、滄海一粟，因此也不斷向外馳求。現代人常常抱怨生活範圍的局迫，覺得空間太小、時間太短，這都是由於生活在心外，身、心無法統合的關係。

（二）禪修者發現內心世界廣大無垠

天文界利用精密的高科技望遠鏡，接二連三發現了許多新的星宿；似乎我們所探觸到的範圍，已經夠深夠遠了；但是我們內心世界的深廣遼闊，又何止於此。我們經常感受到外界種種的壓迫和束縛，例如：空間太小、活動範圍狹窄、時間老是不夠用、責任沒完沒了……總之，既不自由，也不自在；要想擺脫這些障礙並非不可能，只要深入開發自己的內心世界，讓自身臻於禪境，就能達成目標。

所謂的無限是指：

1因願心和決心而潛力無限

也許有人會說：「這恐怕不容易吧！」其實只要真有願力和決心，就會發現潛在的能力無限。所謂的潛能，包括智慧和影響力，兩者並存時，時空便可以延伸至無限。這對大多數人來說，並不是一件容易了解的事，但是確實是可以做到的。

2定中能夠經驗到時間與空間無限

時間和空間的長短，只是內心的一種體驗。時間固然有著客觀的依據，但若取決於主觀的感受，便沒有一定的標準。有人在定中過了三天，當他入定之時，宛如進入無限，一旦進入無限，時間於他，已經不存在了；出定之後，又覺得入定的時間剎那即逝，而剎那即逝的感覺，又表示了時間的快速流轉。

前者是無限量的長，後者則是無窮盡的短。換言之，在定中時間可以無限的綿延，出定後則覺得怎麼才闔一下眼，已經過了好幾個小時，甚至好幾天。

3放下自私的立場，便發現心量之大，可以包容無限

當我們走出狹隘的自我中心時，會發現這個世界很小，而心量卻很大，大到可以包容宇宙間所有的人、事、物，所謂：「心包太虛」即是。

4開悟之後即能體會到超越一切的無限

5內心之大，大於身外的宇宙，內心之深，深過無垠的宇宙

不過，要做到開悟者的境界「心包太虛」，卻不是那麼容易，得透過種種的方法。因此，下面要介紹禪修者如何開拓心境，以及保護自己的心靈。

三、禪修者如何保護心靈環境

（一）身體要動

一般人以為禪坐完全是靜態的，其實不然。正確的坐禪姿勢能使身體健康，放鬆全身肌肉、關節、神經，使得內分泌系統、消化系統以及循環系統正常運作，這是身體在靜態中的活動。

有些人為了鬆弛肌肉，常常求助於按摩師，殊不知坐禪的效果比按摩更佳，因為禪坐能令我們身心徹底放鬆，而當你在接受按摩時，心情可能仍是緊張的。禪坐對高血壓、風濕症，以及神經衰弱等慢性疾病有相當可信的療效。當然，禪坐不是外科手術，更非仙丹妙藥，乃是讓你的健康在不知不覺中漸入佳境，而達到治療的目的。

今天演講的翻譯王明怡先生，就是一個很好的例子。十九年前，他苦於劇烈的頭痛，無法專心讀書或工作，為了紓解壓力，他求助於禪坐，大約只經過半年的練習，惱人的頭痛就不治而癒了。當然，他的頭痛也算是個善巧的因緣，於他、於我都有益，如果不是頭痛的緣故，他就不會來學佛，而我就少了一位得力的翻譯。

所以有病在身不見得不好，即使剛開始讓你痛苦難安，但是假如有善因緣來幫助，經過妥善地處理，結局反倒可能是意想不到的好。因此，逆境來臨時，不要抱怨，好好地面對它、處理它，也許就能夠將痛苦化為助緣，而開創出一番新的局面。

禪修的人除了靜坐之外，也有許多運動的姿勢和方法，例如印度的瑜伽術、中國禪宗的少林拳以及道家的太極拳等。現代人把瑜伽術、少林拳當作一種純粹的體操或武術，而忽略了與之息息相關的禪坐，實在是本末倒置。這就是為什麼許多武術教練和瑜伽教師，在到達某種程度後，常感其中有所不足，而渴求禪修。其實不論是瑜伽術或少林拳，都是因靜極而後動的工夫；因為禪坐一久，雜念頓除，內心凝定，乃在靜中引發身體的自動，從而發展出有規律的拳法或體操。

一般人聽到禪修，腦中浮現的都是深山古洞或寺院道場，殊不知古代的山裡，沒有水、電、瓦斯，禪行者的生活作息少不了擔水搬柴，如果你問山僧：「山上何所事？」他一定告訴你：「無非擔水搬柴！」而這些擔水搬柴等，無一不是修行。唐朝的百丈禪師就主張：「一日不作，一日不食。」他的工作就是耕種，耕種就是禪修；若以專司管理的職事僧來說，與信眾的接觸談話，就是禪修活動。因此，經常有人問我：「現代人的生活步調這麼緊湊，要如何修行？」我都會告訴他們：「日常的生活、工作就是修行。」

也就是說，身體在做什麼，心就在做什麼。說話的時候要清清楚楚地知道自己在說些什麼；勞動的時候，心也不離開手和腳，不但散步、旅行、駕車乃至上廁所，都是修行。以平常心做平常事，就是禪修。

說到這裡，我想起一則禪七中發生的小插曲，不妨引來博君一笑。我們在禪七期間均會分配禪眾一些工作，有一次有位禪眾專司廁所的清掃，他在刷洗的時候，因為太過投入，以致物我兩忘，把守在門外等候用廁所的人們也都遺忘了。一位苦候多時的同修忍不住問他：「你快要好了嗎？」

他渾然忘我地說：「啊！慢慢來吧！我正在享受工作中的樂趣。」

另一個人也插嘴問說：「你究竟什麼時候才做完啊？」

他說：「我希望永無盡期地做下去。」

第二天清早，正在用餐的時候，他看到放在餐桌上的一把水果刀，忍不住失聲大叫：「這個東西怎麼會放在這裡？」

我問他：「怎麼回事？這把小刀不是用來切水果的嗎？」

他搗著嘴巴說：「我昨天就是用這把小刀來刮廁所便槽上的汙垢呀！」

沒有人責罵他，因為在那個時候，他不會注意到這把刀是不可以拿進廁所的。不過諸位大可不必擔憂，在平常的生活當中，不太可能發生類似的例子，心念要到達像他那樣集中的狀態，需要經過一段時間的禪修。常人能做到心不二用就已經很好了，例如開車時，就專心開車，這樣車子一定可以開得很好；不過我通常還是會建議剛打完禪七的人，如果心念統一，在兩天之內避免開車，否則可能會步上那位禪眾的後塵，一時分不清楚東西南北。

(二) 心靈要靜

我們坐禪時要先練習靜心，靜而後能安。

面臨外境困擾時，先要想到那是外境不是我，但是要知道自己心情和心念的狀態。許多人欠缺智慧，明明知道問題不在自身，而在外境，卻偏偏受影響，而變成了自己的問題，這是非常愚癡的。尤其在人際往來中，總不免會受到他人的非難、誣衊和抨擊，偏偏有很多人遭遇這些境界時，明知已受傷害，往往還不能控制自己的情緒，而任由怒氣和煩惱生起，造成第二次傷害。

我在每次演講之後，總會聽到一些不同的聲音。有些人給予讚歎鼓勵，也有一些人提供建議批評。對於這些意見，我通常都會靜靜地聆聽，然後告訴自己：「哦！他們這麼說……」也許他們都可以做為我的老師，但是這麼多意見相左的老師，我究竟何去何從？總不能無所適從地跟著許多種不同的批評團團轉，而失去了自己的主張吧！因此，經過仔細過濾後，如果確實可行，我一定從善如流，實在是無法接受的話，我也不會生煩惱，說他們是無理取鬧。

如何隨時隨處練習心靜？《六祖壇經》說：「憎愛不關心，長伸兩腳臥。」並非身體不工作，而是心中無對象可瞋，無對象可愛，此即是無心，所以也無煩惱。

前面提到的百丈禪師每日忙著工作，有一次弟子雲巖禪師即問：「和尚每日驅驅為阿誰？」

百丈禪師說：「有一人要。」

雲巖又問：「因什麼不教伊自作？」

師答：「他無家活。」

每天工作只是做人的本分，不是為自己爭取什麼。既然不為己求，做什麼事心都安靜。

又例如：黃檗禪師不為求佛、不為求法、不為求僧，卻仍經常禮拜。

（三）心靈清淨環境也清淨

《維摩經》說：「隨其心淨，則佛土淨。」又說：「隨成就眾生，則佛土淨。」第一句是說心若能不受內外環境所困擾，雖然生活在人間，也等同於生活在佛國的淨土。第二句話是說，若能放下自我的私心，為一切眾生做不求回饋的服務，內心平安歡喜，也等於生活在佛國淨土。

事實的確是如此。且拿雨天做例子，當我們心情愉快的時候，風聲、雨聲都覺得聲聲悅耳，而當心情惡劣時，就會有「秋風秋雨愁煞人」的感觸了。

我也曾經目睹一對夫婦，因為出發點的不同，而對幼兒的哭鬧有著截然不同的兩極反應。做爸爸的顯然招架不住兒子的哭聲，氣咻咻地叱喝道：「哭！哭！哭！就是會哭，沒看過這麼壞的小孩！」而剛從房間走出來的母親卻喜孜孜地說：「啊！這孩子有這麼大的哭勁，表示他很健康哩！」夫婦倆對於孩子哭聲的感受竟然如此不同。

如同這位母親一樣，假如我們心中有愛，時時關心著付出和助人，那麼你所看到的世界和眾生，都會是溫暖可愛的。

因此，我常建議人要練習著以禪修者的健康心靈來看待世間。

1.世間的一切現象都是有原因的：順利的事有它發生的原因，不順利的也有它的原因，不知道原因也是一種原因。所以要有「不為物喜，不為己悲」的胸懷，得志時不必興奮，失意時毋須沮喪，一切終歸無常。

2.世界一切現象都是新鮮的：好的是新，壞的也是新。深夜將盡的時候，天色可能是最黑暗的，不要厭惡，因為黎明快要到了，黑暗不過是個過程。在過程的轉換當中，沒有一樣東西不是新鮮的。

3.世間所有現象都是美好的：成功是美好的結果，失敗也是美好的經驗。或許有人要問，怎麼可能兩面都是美好的呢？其實只要不管遇到順境還是逆境，都告訴自己：「成功是美好的結果，失敗是美好的經驗。」便沒有一樣事會讓你生煩惱，生活就會變得很有意義。

四、問答討論

問：這個世界充滿了各種不公平又無可奈何的事，例如戰亂，就令許多無辜者遭殃，我們怎麼可能把這些當作是美好的事物？

答：這些是慘痛的經驗，歷經戰火之後，人類的智慧往往有所提昇。戰火固然可怕，但是這個經驗可以提醒人類，不要去重蹈覆轍。所以當我們面對苦難時，最重要的是去改善處理，而不是坐在那裡痛哭流涕。我有兩句話奉贈諸位：「用智慧處理事，以慈悲關懷人。」如果僅為受難者哀傷是無濟於事的。

問：當我們聽到噩耗時，可能會十分哀傷，接到喜訊時，也不免興奮不已，但是您又說在散步或呼吸的時候，每一分鐘都可以充滿喜悅。這兩者之間，似乎有點矛盾。

答：問題發生時，只有大徹大悟的人，才能既有慈悲又沒有煩惱。常人免不了情緒波動，若說完全毫無哀傷或興奮，大概不可能，但是事情既已發生，也只好用方法來疏導情緒，使之不致太過哀痛或興奮，若能化為淡淡的愁緒以及輕微的喜悅，才不致有後遺症。

體驗散步或呼吸的感覺只是一種方法，是藉此來調整心境。但是這個方法並非一蹴可幾，而需要反覆不斷地練習。

問：平常專注於呼吸走路時，有喜悅的感覺，請問這種喜悅本身，可不可以達到高深的境界？

答：不容易！因為這只是一個初步的訓練。如果你已有深厚的禪修基礎，散步也就可以不離高深的禪境了。

問：做為一位出家師父，您認為美國的在家居士和老師的關係應該是什麼樣子？如果有一群人，經常固定在一起練打坐，這樣可否取代老師和學生之間的關係？

答：老師有兩種作用：一是以正確的觀念和安全的方法來指導學生；二是在形象上影響人，有一類的大修行人，學生只需要見到他們的生活威儀，便會感受修行的好處。所以有師父在旁指導，與沒有師父在旁指導是截然不同的。當然，有的老師只是告訴學生應當怎麼做，而他自己不一定也這麼做，這對學生可能有害。

所以如果你們有一個小團體，成員互相學習也沒有什麼不好。主要是帶頭的這幾個人，在禪修的知見方面是不是很清楚？有沒有開悟倒是其次，正知、正見卻非常重要。

問：這個世上有許多充滿瞋心怨毒的人，他們有的是天生，有的是環境所逼。但是這些人既不會打坐，也不知道修行。請問，有什麼方法能讓這些人比較覺醒？

答：除了多給他們愛護與關懷外，別無其他辦法；我們只能用信心和願心來為他們祈禱，這是屬於宗教信仰的層次。以禪法來化度，恐怕一時難以廣泛地收效。但是假如你能主動接觸他、關懷他的話，也許可以逐漸影響他；不過，那需要付出極大的愛心和耐心。

（一九九五年十一月七日，講於紐約臺北劇場，游果育整理）

禪修與環保生活

禪的修行就是佛法的修行，佛法的修行一定是身、心、環境三項配合，才是真正的修行。如果只重視內心的、個人的修行，對社會是有一些幫助，但幫助不大。

有的人覺得只要靠少數人修行的力量，就能感得護法龍天、諸佛菩薩來護持；可是如果我們周遭大多數的人內心險惡，行為乖張，或是生存在這個環境之中的大眾，在過去世形成了重大的共業與定業，那麼就可能會產生種種災變——天災、地變、水火災難，即使持咒、誦經也不一定能夠倖免。

定業不容易改變，這好像定時炸彈一樣；但是定時炸彈也不一定會爆炸，雖然說定時炸彈已經訂了時間非炸不可，可是如果有人知道炸彈中的信管怎麼拆除，那麼這個定時炸彈就不會爆炸了；如同定業也未必絕對無法改變。

一、環境清淨

修學佛法的人，內心的清淨是很重要的，可是環境的清淨也同樣重要。不能只是自己關起門來修行，獨善其身，就認為是在救世界、救人類。釋迦牟尼佛成佛之後，積極在人間弘揚佛法，廣度眾生，才能使得世界改變，眾生得救。

因此對修行禪法的人而言，內心清淨固然是最重要的，但環境清淨也很重要。法鼓山的理念是：「提昇人的品質，建設人間淨土」，「提昇人的品質」是要從每個人的人格修養做起，「建設人間淨土」是要每一個人把自己的人格建立起來，同時也協助其他人把他們的人格建立起來，人間淨土便可以實現了。

所以我們修學佛法、弘揚佛法，不能僅僅把門關起來打坐，就叫作心清淨，應該要從人心的糾正、環境的清淨做起，照顧自己的身心，照顧大家的環境，才是一個禪修者的基本態度，如果僅僅只做到個人內心的清淨，而不照顧環境的清淨，結果環境中的垃圾愈來愈多，最後我們就會生活在垃圾堆裡，那便是不切實際、不負責任的人，豈是擁有優良人品的人呢？

例如：我會要求學禪修行的人，一開始不可以在髒亂的房間裡打坐，如果房間中的空氣混濁，東西放得橫七豎八，打坐時的心一定不容易寧靜。必須把環境整理得清淨整齊，打坐的時候，心才容易安定。

或許有人說，只要「心淨國土淨」就夠了，沒錯，這是源自於《維摩經》的「隨其心淨，則佛土淨」。意思是說我們心中若能真正清淨，沒有煩惱，則我們看到的世界即是佛國淨土；可是當我們的心還沒有真正清淨以前，說這句話便是昧於事實。

從釋迦牟尼佛開始，凡是出家人所住的地方，都是簡單、樸素、整齊、清潔、規律、寧靜的，這也是自古以來寺院修道的生活環境，我們希望能把這樣的生活環境，擴大到寺院以外的每一個角落。諸位如果到農禪寺來學打坐，便要把農禪寺的禪修精神帶回家去，不僅僅是一星期到農禪寺一次，過兩個小時簡單、樸實、清淨、寧靜的生活而已，應該也要使平常的生活都跟在農禪寺一樣。

二、內心清淨

內外是相呼應的，除了不要製造環境的垃圾，也不要製造內心的垃圾，環境中有了垃圾就當把它立即清除，內心中有了垃圾也要立即消除。

所謂消除內心的垃圾，就是將心調柔，一旦心能調柔，煩惱就會減少。如果煩惱很多，那表示心中的垃圾很多，看到的世界就會是一個五濁惡世，也就是充滿髒亂、痛苦、無可奈何的三界火宅；如果我們心中的垃圾減少，那麼我們所見到的世界就會像人間淨土一般。

可是我們也不能在心中自我陶醉，自己騙自己，外在的環境本來沒有這麼好，也把它說成那麼好，或是只有你自己覺得很好，而其他人覺得這世界並不好。因此，我們應該要幫助其他的人，讓所有的人都覺得世界是美好的，那才是真正的淨土。

建設人間淨土的理念，是可以實踐的，但也不是那麼容易完成，要靠我們每個人從自己的內心和生活的環境做起，經常保持整齊、清潔、清淨、簡樸、少欲、知足，這個世界才有可能一點一點轉變成淨土。

禪修的生活跟我們日常的生活是相應的，當自己的內在心性清淨了，也要帶動、協助外在環境清淨，以達成內外的清淨——身心清淨和國土清淨，這才是我們修行的真正目標。

我們要把這樣的理念傳播出去，希望全臺灣，乃至全世界的人民都能有這個共識：從內心到環境，隨時保持整齊、清潔、寧靜，那麼，人間淨土很快就能夠出現！

（一九九四年一月三十日，講於農禪寺）

宗教．禪．佛法與邪魔

宗教是屬於信仰的層次，只要相信，就能產生效果與反應，不一定非得要有什麼道理，也就是說不論信仰的對象為何，只要信得虔誠，就會有功能發生。縱然神靈存在，可是你不信它，它對你就沒有功能；相反地，假如沒有神靈，但是你相信它的存在，也會因為心理的因素而產生一些反應，當很多人因相信拜它會靈而跟著去膜拜時，它對這些人就會「靈」，這是宗教信仰的力量，因為信心可以產生力量。

佛法的法是成佛的方法、道理與觀念，以佛的觀念釐清個人的問題，以成佛的方法幫助我們調整個人的身心。法師則是能用佛法幫助自己，也用佛法幫助他人的人。各位來禪修營，我教諸位面對現實的方法，就是「面對它、接受它、處理它、放下它」。

我們要面對現實，但不要逃避現實，逃避是違背因果的；要接受現實，但不是別人打你就讓他打，還是要處理它。事情已經處理好之後，不論在過程中曾經飽受委屈，或是曾經威風八面，都要放下它，心中不要留下痕跡，不要再有牽掛，這就是用佛法面對現實的態度。

禪是什麼呢？禪是智慧與安定，有智慧的人不見得會滔滔不絕地講話。智者是大智若愚，可是不受環境所困擾和誘惑，心中清楚明白，胸中極為坦蕩，身心是安定的，身體不輕舉妄動，心裡不心浮氣躁；有智慧的人能不受環境的威脅、利誘、困擾與刺激，尤其是能不要非分之財，能不搶虛名，能不沾酒色與權勢。

修行時如不能放下名、利、男女欲望的追逐，便很容易修成魔的眷屬；凡是與自然的法則及社會規律相違背的現象，皆是邪門。

魔與神在人間是不易區分的，開始時都是教人行善、修德，但邪魔一旦勢力擴展，信徒增多，就會強調自己是個自在、解脫的人，與凡人有異，可以不受世間道德與法律規範，可以享受特權，超越人間道德標準，為所欲為，這些人一旦捲入魔性、很快就會滅亡。但是真正的明師是不會製造個人崇拜，不會自我吹噓，不會花天酒地。

總而言之，打坐、靜坐不見得是禪，許多人用禪、佛之名，內容卻不關禪、佛，真正的禪是不能脫離釋迦牟尼佛的教示，不能脫離佛法的。

（第十七次法鼓山社會菁英禪修營聯誼會開示，陳美莉整理）

無我與真我

一、前言

許多人認為「我」最重要，也有些人認為「我」並不重要，這兩者都有問題，為什麼呢？因為，認為「我」最重要的，就會經常為自己的利益而爭取、抗爭，不願考慮他人的得失，反正只要我自己獲得利益就好，這是「自私」的我。

如果只從字面上了解「無我」，就會有人以為，既然我是「假」的，是「空」的，那就是什麼都沒有，活在世界上又有何意義，於是放棄擁有的一切，美其名是「看破紅塵」，實際上是逃避現實的世界；也有一些人持著「生不如死」的觀念，總以為「我」是假的，活著也是毫無意義，不如一了百了算了。凡此種種都不是正確的「無我」觀念。

佛法所謂的「無我」，是要超越「自私的我」，若執於「自私的我」必然會否定他人，乃至於否定自己；然而我們無法否定既有的生命和既有的環境，因此要善於運用生命和環境。

曾經有位老太太帶著身懷六甲的媳婦來見我，其目的是希望我為胎兒祝福。我問她的媳婦說：「妳希望生男孩或女孩？」

這位少婦說：「男女都很好，只要乖巧就好。」

她的婆婆急忙說：「不行，不行，請師父加持讓她生男孩。」

由此可見，婆媳間的想法頗有出入。就媳婦而言，她已超越「重男輕女」的傳統觀念，生不生男孩不是大問題；而婆婆「重男輕女」的觀念則牢不可破，彷彿媳婦不生男孩就對不起列祖列宗，便斷了宗族的後代。

從這個故事便可以說明，「超越」的意思是：「不堅持一定需要什麼，能有什麼就接受什麼。」所以，不執著「我」的主張，是相當重要的事。

可是，完全沒有「我」的主張也很麻煩。例如：我有一些弟子，當他們遇到問題就毫不考慮直接問我怎麼辦？我說：「你應該提供意見呀！」

有些人會說：「我不知道該如何處理，所以請師父裁決。」

另一類型的弟子是每次來請教我之前，他自己早已決定好事情的處理方式，他會說：「師父，事情是如此，如此……」

當我問：「你希望我這樣處理嗎？」

他會告訴我：「當然，師父您一定要這麼辦，我可是全替師父您著想的哦！何況這也是師父的意見啊。」

我很訝異：「哦！我並沒有指示你要這麼做！」

他會說：「師父，弟子是為師父考量很久了。」

我的這兩種弟子都各執其一，或許有人會說，一個是「無我」，另一個是「有我」。但事實上，前者是不負責任，過於保護自己，怕說錯話受師父責備，所以不願提供參考意見；後者是胸有成竹，早已設計妥當，只是希望師父按照他的方式來執行。所以兩者皆非「無我」，都是「有我」在作怪。

二、自我的涵義

從佛法看「自我」是什麼：

（一）從因果看自我是「有」

「善因有善報，惡因有惡報」，這是告訴我們要對自己的行為負責任；如果不付出努力，而希望得到豐收的成果，這是不負責任的態度。

可是有些時候我們會面臨一些突如其來，而且是莫名其妙之事，心裡就會想：「我這一輩子從未做壞事，何以會惡運臨身呢？」佛法則從三世因果的觀點來看，此生所做所為不一定在今生得果報，但這一生所遭遇的命運確實和過去生有相當密切的關係，現在如果逃避過去所造的種種因，不願接受果報，就是不負責任；因此從因果的立場來看，是「有我」，所以我們要面對問題，接受現實，更要負起責任，萬不可逃避。

（二）從因緣看自我是「空」

我們的身體以及我們的思想、觀念，都是構成「我」的因，外在環境的時空條件則是「緣」。因緣的運作不是永恆不變，是經常在變，因此所成的一切都是「空」。

(三) 從煩惱看自我是「假」

煩惱是由於理性與感性的衝突，不善於處理煩惱，一定痛苦不堪，善於處理煩惱，則煩惱自消。

內心煩惱衝突的感受，很多人都有此經驗，大多是由於無法控制自己，明明不願想的事情，偏偏想個不停；不願做的事，心裡又放不下，左思右想，還是做了；自己是個自私鬼，偏又幻想成為仁慈博愛的大善人；明知可將自己所擁有的東西與親友分享，卻十分捨不得，百般思量，不如留為己用；這都是理性和感性、前念與後念的衝突。

曾經有一對夫妻，婚前歡天喜地相偕來看我，並告訴我他倆的喜訊，我問他們說：「你們真的要結婚？」

其中一個說：「我們彼此相識了解多年，結婚生活在一起是沒有問題的。」

我問他們：「你們可以保證不離婚嗎？」

另一個說：「師父怎麼可以說這種話呢？我們不可能離婚的。」

不料兩年後，夫妻中的太太，哭哭啼啼跑來找我說：「師父！我已受了兩年的罪，我再也不願忍受了。」

我問她：「怎麼了？你們發生什麼事情？」

她說：「師父，那種活地獄般的日子我不能再忍受了，我打算離婚。」

我不解地問：「當初你們不是相互了解才決定一起生活嗎？」

她頗有悔不當初之感的說：「唉！當時認識不深，婚後他的狐狸尾巴才一一現形，如今相處兩年方知他是偽君子。我再也無法和他繼續生活下去了。」

兩年前恩愛逾恆，兩年後衝突迭起，對於同一個人，其印象、觀感竟能如此不同。

遇此情形，我通常是勸和不勸離，先請其再耐心試試看，不可輕言離婚，先調整自己的觀點、做法和想法，試著為對方著想，對方如果也因你的改變而受影響，問題、衝突便有可能迎刃而解。

（四）從智慧看自我是「超越」

《金剛經》中有提到「非法」、「非非法」的觀念，就是非空非有，即空即有的意思。

《六祖壇經》則說：「煩惱即菩提，生死即涅槃。」不執著生死，不執著涅槃，不再為煩惱所苦，也不用追求智慧，這就是大智慧。有了大智慧，就能超越生死，超越有無。

因為不介意煩惱，煩惱就不存在，假如因為討厭煩惱而苦苦追求智慧，則煩惱必定不斷，為什麼呢？只因為既執著除煩惱，也執著求智慧之故。其實智慧根本不需追求，只要對煩惱不在乎、不介意就是大智慧。

所以從智慧的立場看自我，不要厭惡自我，更不需要覺得自我很可愛；要活時就必須活下去，該死時就讓他死；能活則不求死，非死不可又怎麼可能非活不可呢？若能如此，便可超越生死，超越有無。

三、「無我」之意義及修行

從佛法的觀點來說，「無我」是超越「自私的我」，不逃避、肯負責，不計較個人的價值，隨緣運作，捨己從人，助人利他。

無我有許多層次，要達到無我的修行境界並非易事，該如何修行呢？

（一）肯定「自我」

1.凡夫有業報：業報有兩類，一是罪報，一是福報。凡夫為什麼會到這世界上來？是由於受到過去世所造的業力牽引，而來到世間接受業報的成果。什麼成果？就是苦樂之果；造惡業得惡報；行善造福人群，救濟眾生，則得福報。有些人不明此理，於是在極端痛苦時，便埋怨父母何以要生下他在世間受磨難？殊不知父母僅是兒女們「從彼生到此生」的橋樑，真正接受生命的是自己。因此我們要肯定自己，才能達到「無我」。

2.聖賢有果位：聖人如果僅修智慧而得解脫者，只能修得小乘果位，即阿羅漢果位；如果修慧又修福，福慧雙修，行菩薩道，則可修得菩薩位乃至佛果位，此即是「無我」的展現。

（二）消融「自我」

1.用無常、無我的觀點，觀察世間存在的一切現象都是假的，都是空。世界任何現象，沒有永恆不變的，積聚好的因素，必然會促成美好的現象，累積壞的因緣，自然構成壞的果報。事實上，因緣的本身，並沒有所謂的好與壞，而是在現象產生後，對人們造成影響，經過主觀的判斷分別，便有好壞之分。

既然現象的形成，是由各種因緣條件所促成，所以只要有一個因素變動，現象也會跟著起變化。因此，世上沒有任何存在的現象是永恆不變的，如同《阿含經》說：「此生故彼生，此滅故彼滅」，意指因緣所生的一切現象，皆屬無常。

2. 若不能認知無常是事實，便會苦不堪言，所謂：「人無百年壽，卻有千年憂。」

3. 若能體驗無常是事實，就能認知我和我的身心世界是空的，即是「無我」。「無我」並非指「我」不存在，而是「我」存在於不斷的變化中，因為有「變化」，所以當我們噩運臨頭時，知其「無常」，只要加一些努力或迴避的因素，就能轉變命運；相反地，如果遇到好的運氣，也不會過於驕傲興奮而迷失方向。

（三）用慚愧、懺悔和發願，體驗「無我」

1. 慚愧即反省，能反省者，必知「自我中心」是自損損人的煩惱。一般有修養的儒者，每天都會反省自己的行為，做為一名佛教徒，更應時時反省，是否做了對不起人的事或說了對不起人的話，若不知反省，則會傷人損己。

例如：有一次我搭乘一部計程車，我發現在大雨滂沱中，有一位老太太撐著傘在路旁，被我們這部如入無人之境的車子，濺得滿身汙水，我問司機先生：「你有沒有注意到走在路旁的那位老太太，因為我們車子經過，而被濺得全身濕淋淋？」

他很不耐煩地說：「沒有。」

我再問他：「你不妨回頭看一看？」

他轉身看了一下，丟給我一句話：「雨下這麼大，她跑出來做什麼？活該嘛！」

難道這位老太太是因下雨而跑出來欣賞雨景嗎？想必不是。這位司機先生真是一位不負責任且不知反省的人，自己做錯，還將責任過失推給他人。

2. 懺悔即負責，勇於認錯改進，對他人、對社會和眾生，努力積極奉獻自己，不求回饋。

我們都會說：「一人做事，一人當。」意思是「我做的事，我自己承擔」，可是，往往只是嘴上說說卻又做不到。曾有一位居士做錯了一件事，拍著胸脯說：「師父，這件事，我擔當，這是我的責任，我擔起來。」

我問他：「如何擔起來呢？」
他說：「咦！師父，我不是說我擔起來了嗎？」
我再說：「錯已經造成，你準備怎麼處理？」
他竟然說：「頂多再錯一次罷了。」

這是製造錯誤而不知懺悔的典型例子，光說「擔起來」又有何用呢？懺悔的意思，是要我們在對人們或社會做錯事時，除了承認之外，更要設法改進彌補。有很多佛教徒只知「業障」現前時，在佛前拜佛，口中念念有詞：「阿彌陀佛！觀世音菩薩！我今天做錯事了，請阿彌陀佛替我消消災。」這是將自己的過錯推給別人去替他承擔。

佛前懺悔的意思，乃是因為自己做錯事，也承認自己的過失，但是目前沒有能力補救，所以求佛、菩薩證明，為我們做擔保，表明自己願負責任並希望將來加倍報答及補償。如此的懺悔，對他人、對社會及眾生，才真有用，會更努力積極奉獻自己，「自我中心」必然日漸消除。

3. 發願及報恩，發願學菩薩的心行，用報恩的心情來處理他人對我的恩惠。付出自己而成全他人，是為了還願及報恩，還債是因為欠人，報恩也是因為欠人，例如：對父母恩，子女是無從報答完的，在此情境中如能以報恩的心態來處理，「自我」就能漸漸消融了。

四、「真我」之意義及修行

從佛法看「真我」，「真我」即「無我」，佛教徒修行的最高境界在於完成佛的果位，亦即「無我之我」。如何修成「真我」呢？

（一）從人到佛次第提昇

從人到成佛的過程，需要付出努力的代價，方能一步步邁向成佛之道。或許有人會說，中國的禪宗是屬於頓悟法門，所謂頓悟法門是不假修練即可成佛，這意思好像是說，可以一步登天。

可是，這就如同世上沒有人能將一大碗飯一口吞下去，都是必須一口又一口慢慢吃，直到當我們吃飽的那一剎那，會覺得好像是最後一口飯才吃飽，而前面吃飯時都還是在餓的狀況下，唯有最後這一口飯才是真飽。因此，「頓悟」雖確有其事，但卻也是從前世、今生漸修中來。

修行的內容包括：

1.修五戒十善。五戒即不殺人、不偷盜、不邪淫、不妄語、不飲酒；十善是將五戒的妄語分為妄語、綺語、兩舌、惡口，省掉不飲酒，另加貪、瞋、癡，成為十條，乃是要想再來人間和生天界享受天福的標準。

2.修苦、集、滅、道的四聖諦法。知道苦由煩惱起，認知煩惱本無常，放棄自我執著，努力於戒、定、慧的修行，必得解脫，這是小乘聖人的標準。

3.修布施、持戒等六波羅蜜行。用智慧、財產、體能和時間做布施；持戒即好事一定要做，壞事絕對不做，這是自利利他的菩薩行，亦是成菩薩、成佛的標準。一般人都會做布施的功德，可是如果在行布施之後希望有所回饋，這是投資的心態。真正的布施是基於對方的需要，而自己又有能力給人，在給了之後，不求回報。

（二）《金剛經》所說：「應無所住而生其心」

「無所住」即沒有自私心的執著；「生其心」即順應他人的需求而隨類攝化，針對不同類別、不同層次的人，給予恰到好處的幫助，尤其要在他人有難時，依據自己的能力，隨人所求，給予救濟。

(三) 實相即無相

「實相」即實際的本來面目，即是永恆的、普遍的，也是超越時空的；世間事物，均在無常的變化，沒有永恆不變的，所以無常本身就是空，空的本身就是無相，無相的本身就是實相，故可以說：實相即無相，即是真我的名字。

(四) 真我即無我

「自我」是由我們的身體、心理和環境構成，這些因素經常在變，這些變的現象是「幻我」。智者以無相的事實是真，凡夫執無常的假相為「我」。

智者的真我無定相，所以能夠隨境自在，隨緣自由，故名大解脫；凡夫的自我有阻礙，所以不能隨境自在，隨緣自由，故常為煩惱所苦，而造作種種業，又受種種苦。

五、結語

世事本無常，我們無法否定既有之生命或既有的環境，因此便要善用我們的生命，善用我們的環境，隨類布施，隨緣救濟；不僅自己得福報，更助他人得福報，這才能夠消融自我，才能成就無我與真我。

（一九九三年四月四日，講於華視視聽中心）

妄念不起．萬緣不拒

在指導禪修的時候，我經常告訴禪眾要練習著不要有妄念，有了妄念就要用方法的正念來取代妄念；然而方法本身原來也是一種妄念，只是以規律的妄念，取代散亂的妄念，便是正念。

一、泯除妄念的四個層次

要做到妄念不起，有四個層次：

（一）沒有雜念，但是還有方法。除了方法，沒有其他的雜念插進來，這叫作妄念不起。例如：在用念佛、數息或是隨息等的方法時，沒有其他的雜念插進來。

（二）在同一個念頭上維持下去，什麼樣的念頭呢？譬如：我知道我在打坐，我知道我在數息，而數息數到沒有前一個呼吸與後一個呼吸之分，只知道數了一個呼吸又數了一個呼吸，只知道現在自己在數呼吸，沒有考慮到剛才數了一個呼吸，也沒有考慮到等一下還要數一個呼吸，不考慮到剛才我所數的呼吸是數好了沒有？有沒有妄念？也不擔心等一下數呼吸會數得好不好？會不會弄錯？會不會有雜念……這些都不考慮，只是不斷地數，數完一個又數一個，不斷地在同一個念頭上面，這也叫妄念不起。

（三）在用方法時，不論是念佛也好，數息也好，數到沒有數目可數，沒有佛號可念，沒有呼吸可數，到這個時候，不是故意不要念佛，也不是故意不要數呼吸，而是心境非常寧靜、安定，不知道怎麼數下去，也不知道是有呼吸還是沒有呼吸，心中沒有雜念。這時候，還是不是有前念與後念？有，但是自己不介意有前念與後念，此時已是入定了。

（四）自我中心的意識已不存在，方法也不存在。沒有考慮到自己是不是在用功？自己是不是在打坐？坐在那個地方，心中了無一物，此時已入深定了。到這個層次，前五識已停止作用，僅有微細的意識功能，沒有身體的感覺及負擔，也沒有心理的壓力、感受，只有很清楚地處於什麼也沒有的情況。

二、萬緣不拒的三個層次

萬緣不拒，也可以說是萬法不拒。行者在日常生活中對於身、心、環境不受任何刺激而有情緒反應，這叫妄念不生，但是身、心、環境還是照樣的存在。如果只在打坐的時候不受身、心、環境的影響，尚不算是真工夫，充其量只像槁木一樣；必須要在平常生活中以人的立場、人的身分，不受環境的干擾、困惑，也不受自己的身心反應所困擾，才是真工夫，這叫作妄念不起，萬緣不拒。

譬如有人打你一拳，或是罵你一句的時候，如果你心裡嘀咕：「豈有此理，怎麼打了我一個拳頭？為什麼罵了我一句？」不但這時身體有反應，心理也有強烈的反應，這當然不是萬緣不拒。

如果人家罵你一句，你告訴自己不回罵他，被打了一拳，命令自己不回打，你已經有了「拒絕」，這也不是萬緣不拒，要做到接受到外在的任何刺激，都能消融於無形，也就是說，自我的中心，根本不是一個反應體，也不是一個接受體，乃是空無一物的絕對存在。這是要練習的，如何練習？這也需要有層次。

第一步，外在的環境，聽到了，看到了，這時心裡要馬上想：這是外境在動，是外境的動作，不是我的動作，是他的事，跟我沒有關係。

第二步，練習著沒有外境的對象，這必須把自我中心放下來，唯有沒有自我中心的執著，才不介意外境的對象，所以《金剛經》說，無我相，才能夠無人相。

第三步，練習放下「自我」，怎樣練習沒有「我」呢？人家罵我的時候，一定有一個名字或者是一個代號，你要想：這個名字不是我，這個身體也不是我，跟我沒有關係。然後，只注意自己的呼吸，不介意外境的好壞；並且觀想：呼吸的人不是自己，僅是身體在呼吸，不是我在呼吸。這個時候你的心理是平靜的，外面發生什麼情況，你都清楚，只是你保持一個非常平靜的心情。

雖然萬緣不拒，但你可以有動作，也可以有反應。例如人家打你，你不動作是不行的，可能要想辦法讓他不要繼續打下去，但是你要在非常平穩的心境下處理，試著讓對方也產生平和的心情。處理的方式應視情況而有不同，有的時候需要迴避一下，有的需要馬上處理，那便是靠智慧的判斷了。原則上，對人，是以緩和的方式來處理；對事，往往是需要馬上處理。

因此，萬緣不拒的意思，是不必拒絕我們的生活環境，但也不受外境的干擾、困惑，不過還是要處理，處理的時候要不動情緒，不起煩惱，處理事情時，不要加入自我的利害得失，否則煩惱的念頭就會產生了。

（一九九四年十月一日，法鼓山社會菁英禪修營聯誼會開示，陳美莉整理）

妄念・雜念與正念

禪修，不論用什麼方法，都有相同的原則，那就是心不能攀外緣，心要不受外緣所動，到最後無緣可攀、無心可動，便達成禪修的目的。

但是在禪修開始以及禪修過程中，一定還是有心可用、有心可動。在有心可用、有心可動的情形下，了解心的現象及心的動作，很清楚地觀察它，知道它在動，知道它在用；其實凡是在動、在用的心，都是虛妄的攀緣心。

一、凡是有念皆是妄念

不過，虛妄心和雜亂心不太一樣，虛妄心之中有正念、雜念；正念和妄念往往又不容易分清楚。其實，當你發現妄念的時候，那一個所謂發現的心，也是妄念；凡是有念，皆是妄念。可是，妄念之中包含有你在用的方法念頭，名之為正念；有不是在用方法，而是打擾你、擾亂你的念頭，名之為雜念。然而不論雜念也好，正念也好，只要是起心動念，都是虛妄的心。

凡是有念都是妄念。凡不是用數呼吸、念佛、參禪等方法的散念，都名「雜念」，例如：邊用方法邊想：外面風景很好，想出去看一看；有人好吵，真討厭；這曲音樂很好聽，心頭躁癢難安的……像這樣的妄想紛紛是「雜念」。

起初我們知道有心可動、有心可用，而到最後無心可動也無心可用，很多人誤認為到了這樣的程度，就已經不需要再修行了，其實，這還只是修行的過程，不是目的。

當打坐時心裡很輕鬆、很清爽，沒有雜念干擾，是非常舒服的；於是有很多人會擔心有雜念來干擾，討厭種種雜念來麻煩。在數息的時候，雜念生起會覺得很討厭；正在打坐時，有小孩子吵，會覺得討厭；麻雀叫、雨聲響，也討厭。發現了雜念，要趕快提醒自己：「雨聲響、孩子吵、麻雀叫，都是正常的事，我何必要討厭？」當念頭這麼一轉，討厭之心就會馬上不見，沒有討厭的心，心就會安定下來；並非環境有何改變，環境依舊，只是自己的念頭不會隨環境的動而動，這便是住於正念。

二、雜念生起，接受它！

當正在打坐數息或念佛的時候，有雜念生起，可能你會想：「糟糕！我正在打坐，怎麼有這種雜念？真討厭！」或因腿疼、腰痠、背痛，天氣熱、悶、流汗，覺得怎麼也不舒服，哪兒都不對勁，這些都是雜念；尤其腿痛、背痛、天熱不舒服的念頭一動，心就會不耐煩。

雜念生起時，怎麼辦？若你已經知道那是雜念，就接受它、面對它，不必難過，不要管它舒不舒服，還是回到方法上，你的心便會慢慢安定下來。

凡與環境、身體、內心三個層次相關的念頭，都是雜念。環境之中，讓你受到干擾的，是雜念；身體上的問題干擾你，是雜念；心裡一個念頭、一個念頭不斷地起伏，也是雜念。凡有這些雜念生起，要一層一層面對它，不要討厭它，心中就不會起煩惱，心就能安定下來。

三、真心無心

但當心安定下來後，你會問：「我的心在哪裡？」

其實，根本沒有「心」這樣東西，凡有念頭全是妄念，無一樣東西叫作「心」，真心無心。有心可動，有心可用，全都是妄念，不是真的。能理解到這一點，便隨時都能安心了。

知道有念頭，而能放下念頭，那是最好的。然而，若是知道有念頭，卻是怎麼也放不下念頭時，就要用方法了。或數息、或念佛，或用其他方法，以統一的妄念代替散亂的妄念，用連貫的、連續的妄念來代替雜亂的妄念，便是正念。

用數息、念佛等方法也是妄念，為什麼？因為沒有辦法放下妄念、離開妄念，所以只好用方法的念頭，以妄念止妄念。因為心容易攀緣，一定要抓住什麼東西，凡夫的心根本沒有辦法不抓東西，隨時隨地要抓一樣東西，沒有東西可抓時，就會覺得無聊、恐慌或恐懼，或者就睡著了，不曉得怎麼辦？因此就用數息、念佛、拜佛、感受等方法，用這種統一的妄念取代亂七八糟的雜念，自然而然，你的心就能安定下來了，所以名為正念。

心安定到最後，還要不要用方法呢？若能做到隨時沒有雜念，隨時不起攀緣心，隨時不為環境所動，那還用方法做什麼？不過不用方法時，並沒有不在方法上。

沒有方法，而身心很自在，身心世界清清楚楚、明明白白，這時究竟是有心還是無心？有！那是用心體驗著沒有妄念、沒有雜念，雖然不用方法，心不能干擾你，身體不能干擾你，環境也不能干擾你，此時，你仍是清清楚楚、明明白白、清清爽爽，便是正在用心，也就無心可用。

四、悟後不再受煩惱干擾

打坐的時候，當你的心受到環境干擾，受到身體干擾，你知道是妄念；心裡有一些衝突與矛盾干擾你，也知道是妄念；如果能面對著妄念，知道妄念，妄念本身就不存在了。

但是正念不斷，並不等於開悟。開悟以後，不管是在打坐或是不打坐，只要煩惱一出現，就像冬晨的霜遇到了太陽，也像雪花遇到了火焰，馬上融化不見。心裡可能還有煩惱，但已不會有持續不斷的痛苦煎熬，這就是開了悟的人。

開了悟的人是否就已經全部得解脫？不一定！得解脫者，從此煩惱不生。有小悟的人煩惱仍會起，可是煩惱一起，他很清楚、很快就能察覺到，不會由煩惱氾濫成災。

怎樣達到這個目的？首先，當沒有辦法離開妄念，而心一定要攀緣、抓東西時，要用方法。用得心很安定了，用到心平如止水，是不是表示開悟了呢？不是，但是有許多人誤認為那就是開悟，其實，這只是在打坐的時候，有一些「定」的工夫而已，離開打坐，妄念可能還是會生起，雜念還是會有，煩惱還是會在，因此要持之以恆地從正念練起，最後一定會練習成功的。

（一九九二年七月三十日，農禪寺禪坐會開示，邱松英整理）

明心見性

一、什麼是明心見性？

所謂「明心見性」，就是以智慧的心，來明白煩惱的心。煩惱和智慧是相對的，智慧即菩提，有了智慧，煩惱自然消失，便能見到空性；也就是除去眾生之無明習性，便見清淨的佛性。

有些人有煩惱時，並不知道那是煩惱。就像是一個喝醉酒的人，已經醉醺醺不省人事，尚不知自己已經喝醉，還覺得頭腦很清楚，一直要等到酒醒時，才知道自己曾經喝醉過。我記得在我小時候尚未出家時，偷喝家中自釀的酒，甜甜的酒，愈喝愈好喝，喝著、喝著，結果醉倒在酒缸邊，到了酒醒時，才知道酒醉的滋味真不好受，從此以後，再也不敢喝酒了。

煩惱心很重的人，不但不會知道自己有煩惱，而且也不承認自己有煩惱。例如：有位年輕人，正在單戀著一個女孩，並且愛她愛得神魂顛倒，當我說他煩惱很重時，他還不承認，認為那只是愛而不是煩惱。請問，這種愛跟煩惱又有什麼區別呢？

曾經有位母親當她的兒子過世時，非常痛苦，我勸她要想開，人死不能復生，不要再為死去的兒子煩惱時，她說：「師父，我只是沒辦法接受兒子已經去世的事實，其實我一點都沒有煩惱！」

以上這兩個例子就是說明，很多人已經在痛苦之中，還不認為那種痛苦就是煩惱。

禪宗所講的智慧，並不是一般知識性的智慧，而是離了煩惱心的一種境界。因此，有煩惱時不知道有煩惱是正常的，有智慧的人，不認為自己有智慧也是正常的。那麼，或許有人要問：煩惱和智慧的差異又在哪裡呢？這兩者當然是完全不同的，煩惱是在痛苦之中，不知道那就是煩惱；智慧卻是在非常自在的情況下，沒有用心去分別什麼叫作自在或不自在。

明心的「心」究竟是什麼？明心有兩層意思：第一是還沒有明的煩惱心，需要用智慧去照亮它。第二是已經照亮的智慧心。

那麼，見性的「性」又是什麼呢？一種是由後天習慣的熏習，而漸漸形成的，例如：有些人有罵人、喝酒、賭錢、吸毒、偷竊、邪淫、詐騙等的不良習慣，他們並非天性如此，而是後天養成的，經過環境不斷地熏習，變成了一種習慣，這種習慣就稱為「習性」。中國有句古話：「入鮑魚之肆，久而不聞其臭；入芝蘭之室，久而不聞其香。」就是說，一直待在臭或香的環境中，已經被薰習得不知道那是臭還是香，直到離開那裡之後，才會感覺到那個地方原來是什麼味道。

另外有一些人的習性是無法解釋的。我有一位擔任高級官員的在家弟子，他有兩個兒子，其中一位已得到博士學位，並在大學裡擔任教授，還有一位高中畢業後，情願做流浪漢也不肯繼續升學。

他來問我：「師父，這兩個兒子都是我生的，為什麼一個那麼優秀，另外一個變成流浪漢？實在是讓我丟盡了臉！」

我說：「這大概是從小養成的習性吧！」

他說：「同樣的家庭以同樣的方式培養出來的孩子，怎麼會有那麼大的差別呢？」

我說：「也許這是遺傳吧？」

他很無奈地說：「我及我太太，還有我們的父母親，都沒有這種情形啊！」

那麼，這究竟是從哪裡來的呢？

這可以說是我們從無量世以來熏習而養成的習慣，是一生一生所染上的習性，就像西方人燻起士，中國人燻豆乾一樣；而我們的習性也是如此，被某種情況影響久了，自然就跟那種情況相應，這就是習性。

習性的本身就是「空性」，當智慧出現時，煩惱心自然就會不見，也許壞的習性可能還在，但是已經清楚知道習性的本身是沒有的。這樣的觀念，可以鼓勵我們，煩惱只是一種習性，本來沒有，將來也沒有。

但是，一下子要完全除去煩惱，連習性都不再有，即使是明心見性的人，也是相當不容易的。因此，明心見性之後，可能有些習性尚未顯現，但仍隨時隨地要警覺到習性仍在，這樣，習性自然就會愈來愈淡，終至完全改過，變成一個徹底清淨、光明的心。

有位家境很好的年輕人，由於吸毒，他的太太要跟他離婚，同時也被家人趕了出來，變成一個無家可歸的人，在這期間他又進出監獄好幾次，有一次他剛從牢裡出來，便來看我，並說：「師父，我很想戒毒，可是別人不讓我戒！」

我問他：「這是什麼意思呢？」

他說：「因為不論是否認識或不認識的人，都會拿毒品給我，還說請我試試看，不用付錢，他們怎麼會知道我喜歡這個東西呢？」

這真是很奇怪的事，好像他長得就是吸毒的樣子，販毒的人或行家一看到他，就會主動將毒品送給他。因此，當習性一旦染上後，就會有那種特別的氣質及味道，讓有相同習慣的人一眼就看得出來。

知道有習性、有煩惱，表示已經知道有問題，並且會慢慢離開它、斷除它，到最後只有空性，沒有習性，這才是純粹的智慧，才是大徹大悟的「明心見性」。

二、如何明心見性？

（一）從觀念上來認識、認同、理解而達成明心見性

首先要了解煩惱是依據什麼而產生、構成的。前面說過，煩惱的本身是從習性開始，而習性就是一種業力；由業力所產生的煩惱，感受到的結果，就是身心

的現象。當有了心理活動，就有了身體的需求，包括吃、喝、穿、住等，進而產生更多的煩惱。

我們的身體不斷在變，會老、最後會死，那麼，是否有不變的心呢？沒有。心是隨著我們連續的念頭而有的現象，事實上，所有身心現象都是空的，因此，煩惱自然也是空的。

（二）從生活上來達到明心見性

在還沒有開悟之前，任何時間內的心理現象，都是煩惱。能夠時時刻刻知道起心動念的本身就是煩惱，對你就不會造成困擾與痛苦，不會引起情緒的起伏。

我常常看到一些人，不但自尋煩惱，還把煩惱發洩在周遭人的身上，也讓其他的人因而產生煩惱，這是多麼可憐的事。

（三）從方法上來達成明心見性

方法必須是經常地、不斷地在使用，方法包括在打坐的時候，所教的數息、念佛、只管打坐、參話頭等不同的方法。

三、如何體驗明心見性？

不論是否已經明心見性，都可以體驗以下的四句話：「一切都是現成的，一切都是完整的，一切都是新鮮的，一切都是美好的。」

大家一定會認為，這簡直是在自欺欺人。在家裡吃飯時，要先買菜、淘米煮飯，怎麼會有現成的東西呢？世界上任何人都有缺陷，哪裡有完整的事情呢？還有，每一樣東西在用過之後，就變成舊貨，怎麼可能都是新的？醜陋的事物那麼多，又如何樣樣都是美好的？如果是這樣想的話，那你一定是個煩惱很重的人。

事實上，煩惱是因習性而有，對世間一切現象的感受，也是因為煩惱而有差別的判斷。我們應當隨時隨地遇到情況時，都能體驗到樣樣是現成的、完整的、新鮮的、美好的。以這樣的心態來接受所有的一切，雖然並不一定等於明心見性，確已是一位習禪的智者。

（一）一切都是現成的

這個世界有白天、有夜晚，有春、夏、秋、冬，人在出生之後，也必定會有死亡，這都是現成的自然現象。

例如：這幾天我的腸胃不舒服，什麼東西都不想吃，我的侍者忍不住問我：「師父，您究竟要吃什麼呢？」事實上，不是我不想吃，而是胃不讓我吃。人有生、老、病、死，身體不舒服時，需要看病、吃藥，有的很快便會好，有的帶病延年，病到死為止。所以不必為此生煩惱，因為這一切都是現成的必然現象。

(二) 一切都是完整的

地球上的人在日蝕或月蝕時，看到本來完整的太陽、月亮，變得不完整，後來又恢復完整，好像真的有盈虧大小之別，其實，太陽及月亮從來就沒有因為地球人所見之不同而改變，它們一直都是完整的。

又如一張紙，雖然缺了個角，仍然是完整的，即使再切掉一塊，它還是完整的，只不過是由方型的完整，變為不規則的完整而已。因此，不論是多、是少、是大、是小，都是完整的。我們常常聽到佛教徒們說：法會圓滿、禪七圓滿、佛七圓滿、功德圓滿，其實，只念一個「佛」字，也都算是圓滿的、完整的，如果能這麼想，日子就過得很快樂了。

曾經有一位女居士因牙痛拔了兩顆牙齒，在此之前，她老是說：「牙齒好痛啊！痛得要死！」拔牙回來我恭喜她圓滿了，她不解地說：「師父！我少了兩顆牙，怎麼還圓滿呢？」

我答：「你本來在痛，現在把痛牙拔掉就不痛了，這件事不是圓滿嗎？」本來她還因為少了兩顆牙，感到很遺憾，聽我這麼說，觀念一轉變，心情也隨之改變。

(三) 一切都是新鮮的

每一口呼吸都是新鮮的，每一件事物都是生生不息的，連年長者新長的白頭髮、白眉毛、白鬍子，都是新的，或是手上割破一塊皮，那也是新的傷口。

中國人的觀念比較老氣橫秋，習慣稱自己的先生、太太為老公、老婆，稱父母為老爸、老媽，人未老也被叫老了；在西方，即使年紀很大的人，都叫對方為親愛的、甜心。如果將人生當作樣樣是新鮮的來體驗，必定朝氣蓬勃。

(四) 一切都是美好的

這是真的嗎？我有兩句話奉勸諸位：「任何一件事成功了，是美好的收穫；

任何一件事失敗了，是美好的經驗。」

現代人的婚姻關係非常脆弱，有人婚姻觸礁，夫婦兩人生活在一起痛苦不堪，因此希望離婚，總覺得離了婚，就等於擺脫了可怕的夢魘。離了婚算是成功，是美好的收穫，但對婚姻本身而言卻是失敗，但也不妨視為美好的經驗。

但是，諸位不要因為聽了這場演講，回家後就對配偶說：「聖嚴法師講得太好了，我們離婚吧！」請你們不要離婚啊，佛教徒是不主張離婚的。祝福大家！

（一九九五年十月二十九日，講於紐約東初禪寺，姚世莊整理）

談心

一、明心見性

今天我要與諸位「談心」。心是我們的主人，在宗教上、哲學上、心理學上各有不同的解釋方式，我則只談佛教的、禪宗的心。

諸位一定聽說過「明心見性」這句話。「明心」究竟明什麼心呢？它指的是本來就有而人們卻沒有見到，本來存在而人們沒有感覺到，本來處處都是現成的人們卻不知道，人們時時都跟它在一起卻沒有發現的那個「心」。所以這個心與心理學所講的心不同，也與精神不同，是有功能但無法形容，有力量但無法衡量，這就是人人本具的心，又叫作「本來面目」。

本來面目是什麼？我們現在世間上所見你我的面目都不是本來面目，父母所生的都是假相，而且凡是能夠呈現出來的現象都是暫時的幻境，不是本來面目。

昨天有一位大學教授跟我說，曾經有一次他突然念頭一轉，覺得自己失落了，世間也不存在了，但發現自己還是好端端地在那裡，能夠走路、吃飯、動作。他問我這是什麼？我沉默以對。我不能告訴他這也是心的現象，雖不是明心見性的心，但已有些相近，如果我為他多做說明，會使他的妄念馬上生起，連帶著很多問題就產生了。

所以我只說：「不錯啦，你要能夠保持它，但不要執著它，像這種情況能夠持久的話，對你很好；但若執著它，覺得這個東西很好、這個境界實在太好了，希望常常有，那大概就會消失了。」這聽起來有點「仰之彌高，鑽之彌堅；瞻之在前，忽焉在後」，捉摸不定。其實，心並不是捉摸不定，它本來就在那裡，不需要捉摸，一捉摸、一追求，它就遠離了，因此心可以叫作「清淨心」、「本來面目」，甚至叫它什麼都可以。

在禪修營中，我告訴大家在自我的成長之後要有自我的消融；自我消融就是將自我中心、自私的執著心，從淡化而變為不存在，消融之後，這個清淨心才能出現。

二、貪心與願心

今天早上我接受華視新聞的採訪，記者問我：「人的貪心從哪裡來？人的貪心對我們的世界、社會有什麼不好？因為貪，所以才會努力，因為貪，所以需要不斷成長，為了貪，所以必須爭取，才能成功，貪為什麼不好？」

這個問題問得很有道理。我回答說：「『貪』的意義要看是否有『私我』在其中？若有，便會為自己製造困擾，也為社會大眾帶來麻煩。如果沒有私我的成分，那不但會為自己帶來智慧、福報、功德，同時也會為社會、眾生帶來幸福、光明、祥和，那是非常好的。」

因此，有自我中心的貪，叫作「煩惱」；沒有自我中心的求，叫作「悲願」，而不是貪了；願眾生都能離苦，願眾生都能得樂，願眾生都能離煩惱而成佛，已不是貪心而是悲願。更進一步說，為了眾生的「需要」而努力經營製造、取得，那叫作願心；為了個人的「想要」而巧取豪奪，那就叫作貪心。

「想要」的東西是無止盡的，而「需要」的東西是有限的；為了眾生的需要不是貪，為了個人的需要則是帶著貪的成分，因為涉及自我的利益。

因此，貪可分成兩個層次：第一個層次是有我的，叫作貪心；第二個層次是無我的，叫作悲願。如果是貪心，則不能明心見性；如果是悲願，則與明心見性相應；如果願心中帶有私心，便是不清淨的，還是貪心而不是明心。

想要立刻把貪心去掉，是很困難的；要立刻明心見性也很不容易。但話說回來，明心見性也並不是難事，就看你的心能不能轉貪心為願心。例如，人人都是貪生怕死的，那便是以自我為中心的煩惱心；但是，地藏菩薩卻說：「我不入地獄，誰入地獄？」雖也有個「我」在那裡，但那是悲願心的我，而凡夫貪生怕死的我便不是悲願心了。

如果提得起悲願心，就不會貪生怕死，生死的問題就不存在了。可是要凡夫一下子就不貪生、不怕死，是很不容易的。歷史上記載，文天祥寫〈正氣歌〉時充滿浩然正氣，隨時都可以為國家、民族而死，但真正上刑場時，也是相當痛苦的。英雄豪傑口中說捨生取義，但真正付出這麼大的代價時，仍以為是非常悲愴、悽苦的事。

如果是一位菩薩，為了救千萬的眾生而奉獻出自己的生命，是不會有煩惱的。為什麼？因為他很清楚，這件事是非常值得的，而且死了以後並不是什麼都沒有了，那樣的死亡，只是成佛之道的一個過程、一個階段，因此能夠心平氣和，而不會產生對生的貪戀、對死的恐懼。

三、平常心與智慧心

在我們的生活中，常會遇到風險，政治界有風險，工商界有風險，工作中有風險，家庭裡也有風險。如果說我們隨時隨地準備著面臨風險，任何事情發生都不用興奮，不必恐慌，好的事情很好，不好的事情也不意外，這就叫作「平常心」；平常心和「無心」相應，也和「本來面目」的心相近。

平常心就是對任何事的處理、應對，不以得失、多少、成敗做考量，而只考慮能不能做、該不該做、可不可以做，做了之後，當有問題發生時，也都能履險如夷，從容處置了。

上星期我在臺中遇到一位在工商界很有成就的大老闆，我對他說：「你的成功真不容易啊。」

他說：「也沒有什麼啦，只要努力就好。」

我說：「努力不一定能成功。」

他說：「對，很多人埋頭苦幹，苦了一輩子，也沒弄出什麼名堂來。努力不一定就能成功，但是不努力也不行。」

我說：「努力還要加上運氣，運氣很重要。」

他說：「對！對！運氣不好，你再怎麼努力也是沒有用的，不過運氣好不好，有時候也要看有沒有眼光。」

我告訴他：「眼光就是你的智慧，運氣是你的福德。如果只是自己一個人空想：我的眼光很遠，心量很大，那是沒有用的，一定要有機會才能成功；這個機會、運氣就叫作福報，也就是福德因緣。」

其實，能有眼光、智慧，也是一種福報，而且每個人的程度不一樣，這都與自我中心的心有關。

自我私心強烈的人，很可能有成功的機會，但不是可大可久，尤其在有成功的機會時，會不擇手段地搶、爭、奪。他本身好像是成功，但從長遠考量，對社會大眾都有損害，所以他個人的成功，也不能永保。

要讓自己成功也使社會得益，這才是真正的成功。因此，要想眼光遠大先要將我的私心淡化，做事會比較順利，就算不順利也會逢凶化吉。否則，遇到逆境便在痛苦中掙扎，遇到順境時飄飄然，以為自己的能力很強，能一手創造天下，具有這種心態的人，會讓與他在一起的人都跟著倒楣，因他沒有智慧，也就沒有福報。唯有悲願是無盡的、是無我的、是永遠成功的。

四、以無心為心，便是成功的心

禪修的心是以無心為心，俗話說：「有心栽花花不開，無心插柳柳成蔭。」這裡的「無心」，指的是沒有一般的期待心，所得到的結果反而是很好的。倒是期待心強的人，容易出問題。

然而，無心是不是什麼都不管呢？不是，這個無心是不夾帶自私自利的清淨心。以無私的心來做事的話，一定比較客觀，也比較會成功、比較能持久，至少事業不成功但做人已成功，表面不成功但內心已成功。

曾經有人問我說：「法師！現代人都追求成功，每個人都希望成功，這種心態對不對？能不能每個人都會成功呢？」

我說：「這兩個問題的答案都是肯定的。第一，追求成功是對的，要不然為什麼釋迦牟尼佛鼓勵我們要成佛，因為成佛就是圓滿的成功。然而，是不是人人都能成功呢？釋迦牟尼佛說眾生都能成佛，所以人人也都一定能成功。」

他又問：「成佛要好久好久才能成功，普通人要多久才能成功呢？」

我說：「一秒鐘也能成功，一分鐘也能成功，一生之中也能成功，累生累世累劫也能成功，人人都能成功。」

他很不解：「人人都能成功，這是什麼意思？很多人根本名不見經傳，苦苦惱惱一輩子，怎麼是成功呢？」

我說：「你聽說過『心安理得』嗎？一般人以為不做虧心事就能心安理得，其實光是不做虧心事是不夠的，還要與人為善、與人為樂，才能心安理得。」

不要把「成功」看作是我現在掌握著我的錢、我的名、我的位、我的權。有的人錢愈來愈多，內心的煩惱也愈來愈多；名氣愈來愈大，困難也愈來愈多；地位愈來愈高，麻煩也愈來愈多；權勢愈來愈膨脹，內心的痛苦也愈來愈增加。

如果不善於處理自己，隨時會痛苦，有錢會痛苦，沒有錢也會痛苦，有地位會痛苦，沒有地位也會痛苦，有事業會痛苦，沒有事業也會痛苦，那就正如佛法所說的「苦海無邊」了，這種人雖然讓人羨慕，卻稱不上是成功。

但如果說「金錢是萬惡，名位是腐敗」，這種說法也未必是對的。名利權位勢力，未必是壞事，但看是如何得來的，如何運用。例如：我現在為辦教育就需要錢，問題在於如何要錢？要來做什麼？要不到時又怎樣？如果以悲願心來經營，就是明心見性的清淨心；如果以自私心來經營，就成了貪心和煩惱。

因此有大名氣的人，不一定是成功的；沒有名氣的人，也不一定是不成功的。而且涓滴成河，每一滴水都是河的一部分，聚沙成塔，每一粒沙都是塔的一部分；故也可知，一分鐘有一分鐘的成功，一個時間有一個時間的成功，一個階段有一個階段的成功，一生有一生的成功，關鍵就在於當下、現在。

因此我不斷告訴修行禪法的人，要「腳踏實地，步步為營」。要踏踏實實活在現在，現在是最重要的時刻，把握現在、運用現在是最重要的。

五、自我的肯定、成長、消融

我在法鼓山的禪修營中，經常強調自我肯定、自我成長，但自我成長之後則要自我消融，人格的昇華，便為清淨心的完成。

成功或失敗，不可以有形或無形的名利權位勢力做衡量。你們看我與諸位將來誰先成佛？你們可能認為不是我的徒弟，一定是我先成佛，其實不一定。在馬拉松賽跑中，經常原本領先的人，過了一陣子卻落後，而原先落後的人又領先了，一前一後交錯不已。所以在修行時，不要看其他人是不是比我跑得快、修得好，不要介意誰先誰後，及時全力以赴才是最要緊。

從這個角度來看，與人計較長短、高下、成敗，都是不正確的。因為他人的成功有他的條件、因素，不要用我們自己的條件、因素跟別人比，而是要增長自己成功的條件，促成自己成功的因素。為了要有更多的付出，我們必須要有更多的進步，這是自我肯定、自我成長。

我的一生，一向不存與別人比較高低大小的心，我走在人家後面時，不覺得丟臉，我走到人家前面時，不以為成功，人家趕過我的時候，我不需要覺得難堪。天地之大，能夠讓我們開發的領域，太多太多了，需要我們奉獻智慧和願心的地方，太多太多了，何必一定要在同一條窄路上跟人家拼得你死我活。

但是，不比較並不是停頓，而是走出自己的新路來。如果你走的路是別人也能走的，這表示這條路沒什麼了不起；如果你走的路別人趕不上，那你就真正成功了，在這種不比較的心態中，你的自我也就真正消融了。

生命之中，什麼樣的情況使我們痛苦煩惱，什麼樣的情況使我們愉快自在，那就要看我們的心，是處在什麼樣的情況。如果我們有主觀的實力及客觀的條件，而不好好運用，那就是浪費了自己的生命，辜負了大好的因緣。

最後我要強調，我們既生為人，便是責任重大，尤其現代人所遭遇的困擾，比古人更多，對這個世間所應負的責任也更重大。

目前的世界，人口增多而土地並沒有增大，問題複雜而人類的智慧並沒有比過去高明，反而對這個世界的破壞更快、更大。因此，我們更應該以無我無私的悲願心，共同來成長自己、為他人奉獻，這個世界的未來才會改善。

如果人心不能扭轉，不能從貪得無厭、自私自利、自我中心的心，轉變為大慈大悲救苦救難的悲心、願心，則世界的前途非常悲觀，我這不是危言聳聽。因此，我們不只要提高警覺，更要大聲疾呼，把我們的心轉變過來，共同奉獻於這個世界，這也就是法鼓山所提倡的「提昇人的品質、建設人間淨土」的理念。

（一九九四年四月十六日，法鼓山社會菁英禪修營聯誼會開示，單德興、朱書瑩整理）

平常心

一、常與無常

許多人常說「我用平常心來處理事情」，這個「平常心」是什麼意思？它的內容是什麼？

「平」是平等，「常」是永遠不變，到處一樣。佛經裡還有一個名詞叫「無常」，它是從一般的平常之中見到了無常，知道了無常以後再回到現實的平常；要在超越之後回歸平常，這個常和無常就是「平等不二」。

《佛遺教經》以及其他經典都告訴我們「世事無常」，要我們不要那麼執著，所以講無常；《涅槃經》卻講「真常」、永恆的常；《維摩經》則講常與無常不二。所以，佛經的講法並不是一成不變，我們要明白每一部佛經所講的對象及層次。

曾經有位弟子問一位禪師：「世事是無常還是常？」

禪師說：「常。」

弟子說：「那佛性是常囉？」

禪師說：「無常。」

你說常，禪師就說無常；你說無常，禪師就說常，讓人捉摸不定。無論你講什麼，他一定倒過來講，目的何在呢？這是要幫我們去掉心裡的執著，否定、否定、再否定，否定到最後，那才是真正的肯定。

許多人認為佛教是消極的，也有人說佛教是積極的，這都是錯的。講消極是錯，講積極也是錯。積極是拼個你死我活，消極是什麼都不管了。佛法講的是順從因緣、培養因緣、促成因緣；可是因緣成熟以後，還是要視其為無常，如果認為它永遠可靠便是錯的，因為它只是一個臨時的現象，隨時可以改變。

二、步步為營

要我們的心不變，是不可能的。由於經常在變，所以要經常調整自己的腳步，我們的方向可以不變，但是腳步要調整，進是在變，退也是在變，進和退之間要拿捏得非常準確。如果我想往前走卻走不過去、走不出去，或往後退也沒地方退，那麼不妨就橫跨一步吧！沒有必要因為後面擋住我，前面卡住我，就只有坐以待斃。因此大方向是非常重要，但是並沒有固定不變的立足點。

很多人認為自己的立足點一移動，就彷彿沒有立場了，失去立場可能就沒有生存的餘地了。其實，只要移動一步就有一條生路，這不是很好嗎？如果枯守一個立足點不變，那大概是死路一條，根本沒有辦法適應社會、環境。

我常常講「步步為營」，就是說我們走出去的每一步都是立足點，每一步都要踩穩，若是踩得不穩，往前走便會失去平衡，會摔倒。雖然可以說每一步都是立足點，但是也沒有一個固定不變的立足點。

三、無常是活路

隨時變是正當的，無常就是變動的意思。無常實際上是一條活路。很多人認為無常是悲哀的事，是一樁無可奈何的事，「世事無常」就表示沒有希望了，沒有著力點了，這是錯的。從禪的方法、觀念來講，無常恰恰好是一條生路，能夠有進有退、左右移動，活在現在。

有一個「畫地為牢」的故事，一個人給自己畫了一個圈，聲稱那是他的範圍，不准別人進來，他認為這樣自己就安全了。結果人家沒有綑他，他倒先把自己綑起來了；人家還沒有攻擊他，他就已經失去了活動的餘地了。

其實生路很多，為什麼要把自己綑起來呢？一旦把自己綑起來，就沒有彈性。所以說，希望永遠擁有、保留，或是希望自己有一個範圍，這都是愚癡。以無常為常，那是凡夫的執著，那會為自己製造困擾；如果知道無常，就會發現處處有活路。

四、佛性即常即無常

就因為無常，所以一切現象隨時隨地可以變更。事實上，環境在變，自己也在變，任何情況都在瞬息變化之中；我們應當掌握無常的事實，適應無常的現象。

禪法教我們明心見性、見性成佛。成佛是人人都可能的事，因此而說人人皆有佛性，不管什麼時候，佛性都跟我們在一起。我們下地獄，它也跟著下地獄；我們上天堂，它也跟著上天堂；我們到極樂世界，它也跟我們到極樂世界。無論我們處在什麼情況，佛性都跟我們在一起，佛性是恆常不變的。因此就有人執著一個永恆的、不變的佛性，認為到最後一定有一個佛性是屬於自己的。可是《心經》說「色不異空，空不異色」，物質現象的色法，經常在變化，所以也等於空，色與空這兩者，既非有亦非無。

佛性即是空性，故其本身即常、即無常，空性不變故常，空不異色故無常，佛性不離一切變動不已的現象，並非在我們的身心現象之外，另有一個具體的東西叫佛性。從佛性不離現象上看，佛性是無常的，從佛性處處都在、永遠都在看來，佛性是常的；所以佛性本身是常，又是無常。

至於佛陀，是活活潑潑的一個人，只是不動情緒、沒有煩惱，他的智慧能夠適應所有眾生的情況，他的慈悲能給予眾生救濟和幫助。

因此有人問，如果佛性無常，那麼佛也無常了？

是。佛的法身不離無常的一切現象，佛是在無常現象之中處處都在、永遠都在，所以無常即是恆常。

我們的心能不能體會「無常就是常，常就是無常」呢？

可以。當我們執著的心和情緒化的煩惱淡化、淨化之後，就可以體會，在無常之中就是永恆的存在。永恆不離無常，無常與永恆的常，是同一個東西，這就是《維摩經》講的「不二」，即超越無常與常。

所以平常心之中有幾個層次：常，無常，反過來還是常，然後依舊是無常；常和無常之間是平行的，不是對立的，所以說「常與無常不二」；「不二」才是真正的平常，它是平等的、平衡的、永遠普遍的。

五、福與慧

我們雖然不能夠一下子從凡夫所講的平常心，一路到達佛果層次的平常心，但是如果我們在觀念上能夠認識並且接受這個理論，那麼我們即使遇到了世相的衝擊，不管是好是壞，都能夠以平常心來面對、接受，同時平安度過，便是能夠全身而退，也能夠心平氣和的修行方法；能夠心平氣和，就能不計得失，那便是真正的智者。

一個真正有智慧的人，是生活得最愉快、最豐富，也是最懂得生活的人，所以也是有大福報的人。具備智慧的人一定有福報，一般人以為有財產、地位、名望、權力的人，才是有大福報，其實有智慧才真有大福報，沒有智慧的福報，足以使人痛苦、煩惱，所以沒有煩惱就是大福報。

由於沒有煩惱，他可以自由運用自己所擁有的一切，包括物質的與精神的，造福眾生，這是最大的福報。許多沒有智慧的人，雖有兒女、產業、地位、權力，卻是生活得相當痛苦；這種人是在受苦報，而不是在享福報。

若是有智慧，能夠運用在生活中，那麼就會時時過得很愉快。如果沒有智慧，就時時過得很痛苦。

兩天前有一位患了絕症的居士來農禪寺，問我怎麼辦？他已沮喪、消極到不想活，問我是不是早一點「安樂死」好。他認為既然是絕症，已非死不可，多活幾天、少活幾天都一樣，為什麼還要活下去受病痛的煎熬？

我說：「你沒有權利叫你自己不活，也沒有權利一定要活多久，你要順從因緣。能夠活而不活，是錯的；已經沒有辦法活下去還非要活下去，也是不可能。所以只要能夠活，即使剩下最後一口氣，你還是要珍惜你活的責任。」

我還遇到一個情況，有一位一百零一歲的老人在醫院的加護病房住了很久，他的女兒問我：「師父，我的爸爸在加護病房已經很久了，靠機械幫助他維持生命，我們全家都受不了了，如果我的爸爸還活下去，我們全家都會被拖垮，該怎麼辦？」

我說：「順其自然吧！自然是最好的，不要不自然，否則，病人及家屬都受痛苦啊！」

她說：「師父，這樣我們不是殺了他嗎？」

我說：「我沒有叫你們殺他。能夠用醫療治得好就治，可是現在他用機械呼吸，用注射補充養分，這已經不是自然了。」

類似這種情形有人問我，我通常都回答一句話：「自然是最好的。」這就是平常心。我沒有權利替他的家人主張怎麼辦，他的家人應該自己決定，帶一點點勉強是可以的，若太勉強就離平常心遠了，會造成太多的痛苦。

昨天還有人問我：「師父，您死了以後，法鼓山怎麼安排？」

我說：「安排什麼？」

他說：「你要寫遺囑啊。」

我說：「寫遺囑給誰？」

他說：「總要有一個交代啊！」

我說：「我還沒死啊！」

法鼓山已經在建設了，如果我今天就死了，可能會受到一些影響，但是法鼓山的理念照常會有人推動。佛陀涅槃後留下遺教，並未處理什麼遺產，所以我也會以平常心來處理。

（一九九四年七月十六日，法鼓山社會菁英禪修營聯誼會開示，余麗娜、單德興整理）

心如日輪在虛空

今天講黃檗禪師的一段開示：「心如日輪在虛空」——「心」好像一輪太陽在虛空中，這段文字也收錄在我所輯的《禪門驪珠集》一書中。

黃檗禪師是唐宣宗大中年間（西元八四七—八五九年）人，第九世紀圓寂，年齡不詳。今天我們要介紹他的一段法語，內容如下：

「如今末法，向去多是學禪道者，皆著一切聲色，何不與我心心同虛空去、如枯木石頭去、如寒灰死火去，方有少分相應。（中略）你但離卻有無諸法，心如日輪，常在虛空，光明自然，不照而照。不是省力底事？到此之時，無棲泊處，即是行諸佛行，便是應無所住而生其心。（中略）若不會此意，縱你學得多知，勤苦修行，草衣木食，不識自心，盡名邪行，定作天魔眷屬。（下略）」

這段話指出，修行禪法明心見性的情況。很多人把禪的修行看成與外道的修行相同，外道的修行可分為兩種現象，一種是懂得很多，學問、辯才非常好，所以很多人認為他們已經開悟了，認為自己是大師；另一種是修苦行，生活方式不像一般的人，過著平常人不能忍受的生活。這兩種人如果對自己的心行不了解，都算是邪行，不是正確的禪行。

黃蘗禪師是怎麼說的？以下為諸位做介紹：

如今末法，向去多是學禪道者，皆著一切聲色。

「如今末法」。末法思想見於《法華經．安樂行品》及《大乘同性經》卷下。根據隋代慧思禪師的說法，佛法住世，分為三個時期：正法五百年，像法一千年，末法一萬年。而在隋文帝開皇十九年（西元五九九年）已是末法第八十二年，故到黃蘗之世的唐朝中宗的時候，早已是末法時代。吉藏的《法華玄論》卷一〇，則主張正法一千年，像法一千年，末法一萬年。

所謂正法，是正知、正見、正信、正行、正確的佛法；像法，即相像類似的佛法，已經不很純粹；末法是佛法已經沒落到快消滅的狀態，真正的佛法已經到尾聲了，正法不振而邪說橫行，即所謂法弱魔強的局面。

正法時期聽法、學法的人多，證道、悟道的人也多；像法時期聽法、學法的人也還是多，可是證道、悟道的人少了；到了末法時代，學法、聽法的人漸漸少了，而證道、悟道的人幾乎沒有了。

譬如一壺茶剛泡好，一杯茶剛剛倒出來的時候，又香又熱，純度又高，喝下去覺得非常受用，這就像正法時代；過一段時間，茶葉的味道漸漸淡了，濃度、香度也漸漸少了，如同像法時代；到了時間很久以後，只見茶葉顏色，卻聞之無香味，嘗之無茶味，不能說它不是茶，它還是茶，只是已嘗不出茶葉的茶香、茶味了，如同末法時代一樣。

我們這個時代距離第九世紀唐中宗之世，又過了一千一百多年，而唐朝之後，仍然有很多人開悟。黃檗禪師是百丈禪師的弟子，百丈之下同時有好多位大禪師，例如溈山靈祐、黃檗希運等，黃檗禪師之下還有臨濟義玄，一直到宋朝大慧宗杲的時候，還有好多大禪師出現。所以末法的觀念，只是警惕我們要好好地努力，不能說末法時代就沒有人證道，沒有人悟道。

但在黃檗禪師當時所見的也是事實，他說：「向去多是學禪道者，皆著一切聲色。」好多人看起來都好像是在學禪、學道，可是那些人都在執著「一切聲色」。聲是聲音，色是顏色、形式。

「聲」有兩種意思：一者聽聞佛法，透過聲音尋求佛法；二者在打坐時，進入一種境界，聽到無限的聲音，如同宇宙之中有一種好像從遠古無始以來就存在的聲音，叫它天樂也可以，叫它永恆的天籟也可以，這是在禪定修持中才能體會到的。

「色」也有兩種意思：一是用肉眼所見的現象、環境；二者不是肉眼所見的，即打坐時發生的種種幻景、幻象，見光、見花、見淨土、見天國、見佛菩薩、見種種莊嚴的形象、影像等等。

其實，「光」本身也是色，如果你打坐進入比較深一點的定，可以看到無限的光，「光」是和宇宙全體結合在一起，你會感覺到自己跟宇宙合而為一，你就是光，光就是你，宇宙都是光。所以一進入這個境界的時候，會感覺到自己非常自在柔和，也非常的開朗。為什麼？因為放下了一切負擔，自己就是整體，是那麼自在；但那僅是輕安境，尚不是悟見自性。

因此，這裡說執著一切聲色，這聲色可以是粗淺的定境，也可能是神通或幻覺。神通很令人著迷的，看不到的東西，你看到了；不可能聽到的聲音，你聽到了，很多人就是追求這個東西。

很多人喜歡在打坐的時候見到上界的天國、他方的佛國，見到佛菩薩，見到你想見到的天或神。也有很多人喜歡一坐下後，自己的身體能打通什麼任督二脈，或發生什麼中脈、明點之類的經驗。有人可以看到自己的五臟六腑，看到自己的氣在動、血在走、經脈在運作，也可以看到別人在做什麼事。

例如：有人明明在打坐，還能看到有人在庭院裡散步，看到美國有人正在做什麼。曾經有一個人正在打坐的時候，看到一架飛機失事要掉下來了，他馬上打電話問航空公司這架飛機上是否有他的家人？果然，真的有一位他的家人在那架飛機上，兩個小時之後，電台竟然報告，那一架飛機失事掉落了。相信嗎？你不能不相信，他確實看到飛機的號碼，飛機上有一個他認識的人，看得清清楚楚。

像這種情形是事實嗎？是事實，有人遇到這種情況，以為自己已經得到天眼，得到神通了。但是，即使能見到、聽到，卻無法挽救那架飛機的失事。

在臺灣有好幾個團體，他們一打完坐以後，就是談論這些東西，談剛才感覺自己身體在動，氣在動，看到光，聽到一些什麼聲音……講得津津有味，眉飛色舞，以為打坐很有工夫。但是，從禪宗的立場來看，這些都是光影門頭事，與生死大事毫不相關。

何不與我心心同虛空去、如枯木石頭去、如寒灰死火去，方有少分相應。

於是黃檗禪師要說：「何不與我心心同虛空去。」意即倒不如把你心中的執著通底放下來，讓心就好像虛空那樣就好了。

虛空本身無物，很多人認為虛空裡有雲、有霧，有太陽、星星、月亮等東西，那是天空，不是虛空，虛空應該什麼也沒有。虛空的意思是在空中無一物，既然是虛空，什麼也沒有，不是光明也不是黑暗。要把你的心跟虛空一樣的空去，因為「虛空」即是真如，若能如此，庶幾與悟境相應。

黃檗禪師又講了幾個比喻的形容詞：「如枯木石頭去。」你的心最好能像枯木以及石頭那樣。枯木無生機，石頭無動靜，它們本身不會主動起作用，也不會有生命的執著或動機在；這樣的話，約略與大死一番有一點相應。

又說：「如寒灰死火去，方有少分相應。」用柴草燒火煮飯、煮菜、煮水，煮完之後，草或木柴變成灰，而已經寒冷的灰中，一點點火星都不可能發生，叫作「寒灰死火」。我們的心，如果能夠像寒灰死火，才有一點點和開悟者的禪境相應。

「相應」並非「就是」。譬如說，有人喝可樂，有人喝冷水，都在喝飲料，喝冷水就等於喝可樂？非也！冷水中沒有可樂的成分。

對於禪修者而言，這是什麼階段呢？如果能像寒灰裡的死火，像枯木、石頭，又像虛空，那就是不動、沒有作用的情況，心中不要起作用，不要有動的念頭出現，這時候有一點點像是禪悟，但那不是禪悟。例如有一種「枯木禪」，修禪修得像枯木一樣，那樣對不對呢？有問題！真正修禪不是那樣，所以說只有少分相應；倒是後來曹洞宗的只管打坐，漸漸地就有一點類似。

你但離卻有無諸法，心如日輪，常在虛空，光明自然，不照而照。

這段才是真正講禪悟的境界，有了前面的那種工夫之後，就要開發智慧。智慧如什麼？智慧像太陽，常在虛空，萬里無雲，永遠光明，任何東西都無法遮蓋它，從來沒有黑暗的時候；不像在地球上看到的太陽，下雨時就看不到。

此處以光明形容悟後的智慧動態，是絕對的自在，不是與黑暗相對的光明。這一定要離開「有」與「無」兩種對立的境界和心態，才能有心如日輪的體驗和境界出現，那就是悟境。

離開「有」與「無」這兩個對立的觀念，對禪修者是非常重要的，「有」是執著，「無」也是執著。何謂「有」？對心外之物，想追求，又想擺脫，追求解脫，追求開悟，追求成佛，認為有一個境界叫作「開悟」，認為「成佛」是有一個佛果等著去享受。還有，認為這個世界很多的困擾、麻煩都是「有」，希望從「有」得到解脫，而進入「無」的涅槃境，這都是執著。

前天有位居士來問我一個問題，他說：「師父，現在我學佛已有兩年多，過去的種種我覺得很愚癡，老是追求錢，我賺了還不算少，現在我學了佛，師父您看我的錢該怎麼辦呢？」

我告訴他說：「錢，並不等於有，也不等於無。一個窮人窮得一文不名的時候，若他心中想有錢，做夢也夢到錢，那還是心中有錢的人；相反地，若他在銀行裡和事業上有很多錢，可是心中沒有執著錢，這個人的心中，是沒有錢的人。」如同先師東初老人曾告誡在家弟子：「人要口袋有錢，銀行存錢，頭腦裡無錢。」有錢是福報，無錢是智慧。

所以，佛法講「有」，是指心中執著；講「無」，是指心中不執著，並不是說「無」，就什麼也沒有，說「有」就有很多東西，不是這樣的。

「心如日輪，常在虛空。」這是比喻太陽光本身沒有想到它自己就是太陽光，只在虛空之中，永遠是那麼亮，它是自然的，如果它覺得自己有光在照，這個太陽就不自然了。我們的心要像太陽那樣，非常地自然，經常用智慧來觀照自己，觀照一切人、事、物，但未想到有什麼目的，為什麼而照？它只是永恆地、普遍地照。而且太陽在照的時候，沒有選擇時間或對象，只是經常在光芒中，在發光之中，不論有沒有對象，永遠是光明的。

「不照而照。」它不是為照而照，但卻是永恆地在照。何謂「不照」？就是不為某一個特定的對象、目的或原因而照。太陽從來沒有下山，從來沒有停止照的功能，不管在什麼情況下，不管有沒有對象，它都在照，自然而然地在照。因此，大菩薩在度眾生的時候，度無量眾生，不會以為他度了眾生，卻認為是眾生自己得度的。就像萬物接受太陽普照，而太陽本身並沒有一定要照萬物，禪悟者的智慧亦復如是，故稱「不照而照」。

不是省力底事，到此之時，無棲泊處，即是行諸佛行，便是應無所住而生其心。

能這樣子的話，多省力啊！永遠如此自然，那多好啊！

何謂「棲泊」？鳥兒在樹上停留叫作「棲」，船隻在水上停留叫作「泊」。人心的執著，也就像鳥、船一樣，有所棲泊，便不得自在。

很多人要找安全，女孩子想要安全，就找一個老公，男孩子就娶一個老婆；一個嫁老公，一個娶老婆，互相的你棲我泊，那就是互相的倚賴。修行修到了「無棲泊處」心無罣礙的境界，那時便與諸佛同行，解脫自在，《金剛經》所說的「應無所住而生其心」的智慧功能，自然顯現於眾生之前；若能心無所住，便能心無棲泊，雖然心無所住，又能明察秋毫、洞燭萬機。

若不會此意，縱你學得多知，勤苦修行，草衣木食，不識自心，盡名邪行，定作天魔眷屬。

什麼是「草衣木食」？這是描寫一個修行者遠離物質文明，過著極原始的自然生活，由於不生產耕作，只好摘草葉裹為衣，採樹木的種子為食，如同中國道家修練、隱居。但在印度的佛僧是以晨朝托鉢，行化人間為常規，「草衣木食」只有少數的禪僧行儀，不是人間比丘的風格。所以黃檗禪師要說，禪修者是以識得「自心」為著眼，否則縱然學得多知，勤修苦行，盡名邪行，定作魔眷。天魔有修行，也有神通，但是沒有智慧，心有所住，住於定，住於境界，住於聲色，故名邪行。

「若不會此意」是指假如你聽不懂這些話的涵義，就是任你怎麼學習，懂得怎麼多，如何地「勤苦修行」，整天打坐，坐著不動，一坐幾個小時，甚至兩天、三天不吃飯，或者「草衣木食」，都是邪行，定會變作魔子魔孫。

（邱松英整理）

零缺點

一、如何是零缺點？

前天有一位名人發表談話，說他自己是一位在道德上零缺點的人，因而引起輿情的討論。我則認為同一件事，如果從不同的角度來看，就會出現不同的判斷。

既然這位名人相信他自己是零缺點，我們也不需要懷疑他，因為他認為自己在生活上沒有犯法，沒有對不起人，良心上過得去，所以應該說是零缺點，這也沒有錯。

但是，以一個禪修者的標準來看，人人都有缺點。有缺點並不可怕，缺點能夠讓我們進步。如果認為自己已經是一個非常完美的人，還會想要來打坐修行嗎？因此，從修行過程中的標準來看，我們所希望的零缺點，是知道自己有不少缺點，那就是零缺點。如果不知道自己有缺點，那才是最大的缺點；知道有缺點，馬上改過，即可隨時隨地保持零缺點。

人在生命過程中，從小到老一生沒有遺憾，是很不容易的事；有遺憾而不知悔改，才是最大的遺憾。若一生都沒有遺憾，也不必悔改，那是天生的、天降的聖人，在我們這個娑婆世界，這樣天生的聖人恐怕不多。

耶穌、釋迦牟尼佛等人，從宗教的信仰、信徒的立場來看，他們應該沒有缺點，否則就不能成為聖人。但事實上是否他們一生下來，在心理、觀念和行為上就都沒有過缺點？這就要看是從哪一個角度去看。

釋迦牟尼佛自小時候起，一直到成佛為止的階段當中，他的生命過程是從一個普通人，修行成道、成佛。釋迦牟尼佛在菩提樹下成道之時，曾遇到種種困擾，甚至在其出家之前，也曾遇到困擾；這些困擾從信仰上來看，是菩薩示現，而不是他真正有什麼困擾，但是，站在一個修道者本身的立場而言，我相信他是真的有困擾。

在一次國際會議中，臺灣的成一法師遇見了西藏的班禪喇嘛。成一法師就問班禪：「請問佛爺，大家叫你佛爺，你是不是真的佛？」班禪答道：「大家叫我是佛，我認為我和大家是一樣的。」請問諸位，班禪的答話是否矛盾？事實上這就是說，以信仰者的立場會相信他是活佛。

佛教相信所有一切人、一切眾生都有佛性，都能成佛，這是佛教徒的信心和信仰。但是對沒有學佛的人而言，說連貓、狗、蚊子、蒼蠅都有佛性，他們會相信嗎？不會的！如果對他說：「你是一尊佛，你會成佛。」他會相信嗎？他一定會搖頭說：「不要開我玩笑，我是一個普通的人，我也不想成佛。」但是，如果學了佛以後，就會知道這是信仰，就會相信自己有佛性，可以成佛。

所以覺得自己是零缺點，這是可能的，為什麼？因為發現了自己的行為、觀念有問題，馬上改過，便是經常保持零缺點的狀態。

隨時隨地面對自己的缺點，了解自己的缺點，希望自己從此以後不再有缺點；雖然下一次可能還會有，但那已是另外一回事，至少在這當下，就是回到零缺點。如果修行的過程中能夠做到這樣，就是隨時隨地都在進步、改進之中。

但如果不付出努力，光是口頭上說：「我要回到零缺點。」還是沒有用的。反之，如果經常努力，讓身心及語言的行為缺點愈來愈少，之後需要回到零缺點的情況也會愈來愈少了。如果犯了錯誤，則應懂得懺悔與慚愧，幫助自己從缺點再回歸到零。

二、回到零缺點的方法

上述所談的是回到零缺點的觀念，現在再講方法。我們的心如果經常被環境所困擾、動搖、誘惑、刺激，那是因為很少想到是自己本身有問題，總是想到那是外在的問題。例如：有人刺激你的時候，你認為是他們無理取鬧；有人誘惑你的時候，會認為是他們在干擾你。但是，究竟是誰被刺激、干擾、誘惑呢？是自己！而自己又為什麼會被干擾、困擾、誘惑呢？

因此，隨時要把念頭回過來看自己，究竟為什麼被干擾了？如果你的心不能夠往自己的內心看，則一定會受到干擾、誘惑、刺激。在受到刺激之後，情緒一定會波動，不是興奮、歡喜，就是憤怒、痛苦；不論歡喜或痛苦，都是受了外在環境的刺激而起的反應。

最近我有一百篇短文在《聯合報》副刊連載，由朱德庸先生替我配置漫畫插圖，其中一幅畫，他畫的是一隻火雞，雞的兩隻腳是兩個大嘴巴，雞的身體很肥大，但長了很多瘡，而牠的頭、眼睛已經害了重病，這就是形容「貪」是很痛苦的事。

貪心是不舒服的事，正在貪的時候是痛苦的，貪得到了之後也是痛苦的，而貪得不到更是痛苦。貪得無厭本身就是一種中毒的現象，是一種病態，瞋怒、愚癡也是如此。因此，我們應該回歸到方法上，知道那是「內心的毒癮」，不要被這些毒所轉、所牽動。

當自己因貪而得不到，或貪的不夠多而很難過的時候，應該告訴自己：我害病了，我中毒了，我要調整自己的心念，使我自己能夠過得快樂、輕鬆、自在一些，而不要被這些煩惱的念頭、心態所轉。實際上所謂煩惱的念頭、心態，是因為受外在環境干擾的關係，因此，只要不被環境所轉，便可隨時隨地又再回歸到零。

當自己為煩惱而痛苦，首先應該知道煩惱的由來是因為我們自己的內心「毒癮」發作了，而這些「毒癮」是從什麼時候開始有的呢？是從無始以來，老早就有的；中了這麼久的毒，想要一下子改掉，是很不容易的事。即使僅僅是吸食安非他命、海洛因、鴉片、大痲等毒品所染上的毒癮要戒除都相當難，更何況是從無始以來就有的習性，但是只要有心，還是有人戒成功了。

昨天有一位信眾來和我見面，他本來喜歡吃肉，後來把吃肉的習慣戒掉了。如今他又問我：「還要戒什麼？」

我說：「因為習性的關係，你要戒的東西太多了，我現在也沒辦法開單子告訴你要戒什麼，你來參加我們的禪修營，參加之後就會知道要戒的東西有多少！」我們要常常將干擾、困惑等的煩惱問題歸於零。如果能夠常常有「這不是我應該有的」、「這不是我應該接受的」、「這樣的念頭我是不應該起的」、「這樣的念頭我不應該被它所動搖」，只要不應該有的念頭一生起，就是馬上回歸到零。

每次一有不好的念頭產生，你能有「喔！我知道了。」的工夫，歸零之後，可能第二個念頭馬上又起來，還是可以再歸零，如此不斷歸零，這就是禪修方法：「有雜念、妄念起來，沒有關係，只要回到方法。」

三、懺悔而不悔恨

有些人在自己犯了錯誤之後會隱瞞，為自己脫罪而辯護，認為自己是無辜的，或將犯錯的原因歸咎於他人，另外有一些人則總是在悔恨。

我在美國的一次禪七期中，有一位美國人聽了我講「懺悔」的觀念之後，不斷在哭，一直哭而無法打坐。

他說：「我不能打坐，我要回家了！」

我說：「為什麼？」

他說：「我這個人大概是不能修行的，像我這麼壞的人還能修行嗎？我太壞了，我覺得我這個人應該是死掉的，不應該活在這世界上。我太壞了，我不能修行，我修不成功的。」

我告訴他說：「放下屠刀，立地成佛，是我們修行應有的態度。放下屠刀表示有悔過、改過的心，只要馬上改過，或知道錯誤、承認錯誤而馬上把錯誤放下，就是修行。」

我又問他：「你在禪堂裡是否還在做殺人、放火、搶劫的壞事？」

他說：「沒有！」

我說：「你是什麼時候做的壞事？」

他說：「好像是好久以前做的，我只記得做了很多壞事，所以覺得自己很罪惡。」

後來我告訴他說：「修行要懺悔，不是悔恨。懺悔不是悔恨，而是面對自己的缺點，曉得那是缺點，以後盡量不要再犯同樣的缺點，就可改善過來了。悔恨是向火坑裡走，懺悔是從火坑裡跑出來。」他聽了之後很歡喜，不再哭了，也覺得這個禪七打得還不錯。

過去他的心理醫生總是為他分析問題；我告訴他的則不是分析，而是讓他在發現自己的錯誤、罪惡之後，能夠面對它、了解它，然後就放下它。因此，「面對它、接受它、處理它、放下它」，就是歸於零缺點的最好方法。

（一九九六年一月二十日，法鼓山社會菁英禪修營聯誼會開示，周文進整理）

從有到無・從無到有

佛法告訴我們「萬法從心出，萬法還歸於心」，又說「萬法都從法界流出，萬法還歸於法界」，我曾經說過如何自我肯定、自我成長與自我消融，也曾經講過如何由小我、大我而無我，現在我要說如何從有我到無我，再從無我到有我，從有我到無我就是禪的境界。

一、有是對的，無也是對的

今天我有一位小同鄉來問我：「究竟有與無，哪個是對的？」他很疑惑，因為禪宗講無，淨土宗講有。淨土宗信仰淨土是有的，西方阿彌陀佛是有的；禪宗的《六祖壇經》則說東方人求生西方淨土，那西方人去哪裡呢？

我告訴他：「有與無兩個都對。」為什麼呢？對信仰、對實踐而言，「有」

是對的，因為有個寄託，有個目標與目的，才會願意努力學習；在佛法中除了求生西方淨土外，也有成佛的目標。但是禪宗說「無」也是對的，因為我們的現實環境，本身就是一種虛幻，像夢一樣的境界，沒有一樣是真的。

我的這位小同鄉又告訴我，如今回到大陸的故鄉，他覺得好像進入夢中，樣樣東西都不一樣了。小時候記憶裡家中的房子很大，但是房子沒有變，現在卻覺得很小；小時候記憶中的狼山好大、好高，現在再去看，卻覺得狼山好小、好矮。他說：「小時候看的不是真的，現在看的才是真的。」我則說：「你現在看的也是假的。」

小時候的眼界小，感覺家中房子很大，現在到外面看多了，眼界寬了，比較之下，家中房子就變小了，究竟哪個才對呢？

人生從小到大，不斷在變老，究竟回憶中經過的是夢，還是現在是夢？事實上正在做夢的時候通常不知道是夢，夢醒的時候才知道是夢，所以夢雖然是有，實際上也是無；人生如夢，當我們在「有」的時候，就該體會到、理解到，這是假的。諸位看過《紅樓夢》嗎？為什麼叫它紅樓「夢」呢？賈府曾經如此的繁華熱鬧，終究是衰落了，如同一場夢。

但佛法說的「空」、「無」，並不是離開有而說無，有的時候，就是無，所以說有是對的，無也是對的。

二、有是錯的，無也是錯的

我們說西方極樂世界，是有；成佛的果位，是有；功德與智慧，是有；這是真的有，還是假的有？如果自稱已經是聖位的菩薩，那是不求上進的人，真正在修行道上的菩薩，會說自己一如凡夫；所不同的是，他知道什麼是有，什麼是無，而且知道有是錯的，無也是錯的，這才真是菩薩。有與無就如同兩個極端，不論抓著哪一端都是錯的，不抓著兩邊的任何一邊也是錯的，唯有捨兩端而又不取中間，才是對的。

有人問：「成了佛以後是有還是無？」說有是錯的，說無也是錯的，佛的層次是超越於有與無之外的，不受有、無觀念的影響，這就是佛。

請問諸位：你們都有家庭，家庭是有還是無？你們一定說是「有」；你們是否有工作？也是有。你所說的有，究竟是真的有還是假的有呢？

許多人在生活上，認為由自己去適應別人很痛苦，應該別人來適應我，所以先生希望太太凡事配合，做太太的也希望先生來適應她。這是有我還是無我？是「有」。在凡夫的觀念中，因為有我，所以處處產生矛盾。畢竟我們可以要求物品來適應自己，遇到人的問題就不行了，人與人之間要用商量的，如果強要求別人適應我，就會起衝突了。

三、佛菩薩是無我、無相

菩薩會盡量去理解人、適應人，凡夫則希望別人來適應自己、理解自己；凡夫把人當東西來看，而不是當作人來看；菩薩則把所有人當作菩薩來看，自己只是眾生之一。所謂眾生，有凡夫眾生，也有聖賢眾生，其實成了佛也是眾生之一。如果有人認為自己是大菩薩，可以說他有自信心，也可以說他是有傲慢心。

由於菩薩認為自己是眾生，所以他會生活在眾生之中。如果菩薩都是以大菩薩的形相、姿態在你我面前出現，你我的反應會是什麼呢？會不會、能不能和他生活在一起？不敢。菩薩希望度眾生，就要和眾生生活在一起，因此他們不會常常以大菩薩的姿態出現。

事實上，菩薩是在我們人群之中，他們是以凡人的樣子出現。你們見過頭上有三個眼睛的人，看過三頭六臂觀音、千手千眼觀音嗎？看到的話，可能是夢境或是幻境；也有人修行非常努力虔誠，產生感應看到了異象。但是這種現象，不可能常常在日常生活中出現，那只是為了適應當時眾生的需要，而有這種幻境的出現，為使眾生產生堅固的信心。但是大菩薩是不是就一定是這個樣子呢？不是，大菩薩是不定形的，例如觀世音菩薩就有三十三或三十六分身。

大菩薩是無相的，有相的菩薩不是真的大菩薩，真的大菩薩是無相、無我的，真的佛身也是無相、無我的。但是無相的「無」，是不是等於沒有？不是，他也是「有」的，只是沒有自我的執著，能夠適應各類不同層次的眾生，而有不同的化現，這才是真正的大菩薩。

有一次我到美國一位日本禪師的禪堂，那裡沒有一定的位子，也沒有師父的位子，因為在美國非常講求平等，所以為了適應美國人，老師沒有位子。可是有一個位子上寫著「無位真人」幾個字，我一把逮住那位禪師說：「這是有位還是無位？這是真人還是假人？如果是無位，為什麼還有一個位子在這裡？坐在這裡的人是真的，還是假的？坐在這裡是真的？還是離開這裡是真呢？沒有人坐是真呢？還是有人坐是真呢？」

他被我一問，就笑說：「這是騙美國人的，你不要再說了，不要把底牌掀起來了！」這個禪師還真有點道理，如果他堅持他是無位真人，他就一文不值了。

四、超越有無，任運自在

我們學佛的人，不要太固執於有或沒有。在某一個適當的場合、適當的時間、適當的情況，有是對的；但是在另一個適當的場合、時間與地點，或許就不能講有，講無才是對的，若照禪法而言，超越有無那才是對的。

回到前面的那個問題：你們是否有事業、工作？努力於工作的時候，是有的；但是工作完了後，就是沒有；當你坐在辦公室處理公事的時候，你是有事業，還是沒有事業？有；當你回家睡覺的時候，你是有事業，還是沒有事業？沒有，這時候，你如果有事業，就會睡不著覺了；再問：當你去旅行度假時，你是有事業還是沒有事業？

我們每個人都有很多的業：事業、企畫、期待、憂慮，這些都是業，要把它擺下來並不容易，諸位學過禪修後，要隨時隨地心中保持沒有事，隨時隨地可以處理事，但心中不要有事，一有事就成業障了。

總而言之，說有是錯的，說無也是錯的，「非空非有，即空即有。」這才是佛法。

（一九九五年四月十六日，法鼓山社會菁英禪修營聯誼會開示，陳美莉整理）

共修的力量與共修的功能

我們一定要相信共修的力量，這力量不是迷信，而是集合了共修者共同的「心」力所成。共修的功能就在於同心協力，當大家的心力方向是一致時，才能成為共鳴，這種共鳴的聲音雖然聽不到，但確有其無形的力量相互支援著。

一、燈的燭光愈多就愈亮

所謂「三個臭皮匠，勝過一個諸葛亮」，這和我們修行的過程一樣，如果僅是一人修行，力量再強，也不過是你一個人；就像一盞燈，再亮也只是一盞燈，若是兩盞、三盞燈放在一起，情況就不一樣了，燈的燭光愈多就愈亮。同樣地，打坐時，有的人心的力量弱，好像只有一燭光，亮度不夠；但是當五個、十個心力強的人，聚在一起，這光度就增強了，不僅那個心力弱的人沾光了，所有心力強的人也會相互沾光，所以共修的功能是非常強的。

我們現在所處的這間房子，由於經常有人在打坐，所以你們一進來，自然就會感受到有一股安定力。我曾到大陸去參觀古寺院的禪堂，有些是從宋朝、明朝傳下來的，有的已經傾倒過許多次，後又再重建，但仍在原址。一進到這些禪堂，就會感覺那是一個磁場滿強，而有安定力的地方。就拿寧波天童寺來說，他們的禪堂並不是很大，可是卻有很多人在那裡開了悟，雖然那些人已經往生了，而且寺院房子倒了幾次又再重建，我一進去，仍可感覺到曾經有很多人在那兒修行的力量。

又像金山江天寺禪堂，曾經一夜之中有十八個人開悟，我一進到那裡，心中就有一種非常安定、非常明朗的感覺。

二、互相影響，互相分享

有人不易感受到共修的好處，可能覺得和在家裡打坐沒什麼兩樣，甚至反而不能安定，因為左邊有人，右邊有人，前後邊都有人，自己老是在注意其他的人，就無法感受到共修有什麼好處。

其實，共修時所有參與者的心，在這時候是互相交融的，是沐浴在互相交融的燈光下。而且打坐的時候，心是朝著一個安定的、清淨的方向，就好像指北針，動來動去還是指著北方；因此共修時我們心的力量是共同向著一個安定的方向，既然是同一個方向，便是互相影響、互相分享每一個人心的力量，這便是共修的功能。

至於共修後彼此分享修行的心得，有什麼用處？第一種用處是，在這個時間中，可以感覺到大家是生命共同體結合在一起，這股力量使得你能繼續將修行的心力維持下去，促使你自然而然，時間到了就想去參與共修。第二種用處是，即使在共修結束，回家之後的幾天之內，共修的力量還能夠維繫著，若遇到一些心理上、生活上的障礙、波折，這時，全體共修的力量就能替你疏導。

共修時我們往往少則數十人，多則上百人，有共同的歡喜，所以經常在一起共修的人或同修伴侶間，會互相影響，甚至產生相應的力量。這就如同我們都相信父子、母女、兄弟姊妹親人之間有互相感應的能量，例如有的人在親人發生重大變故前，可能有一種預感出現，這便是共同生命體所產生的感應力。

三、共修功能的延伸

諸位聽過西方極樂世界嗎？究竟有無西方極樂世界？這是一種信仰中的世界，我們誰都沒有去過。有的人似乎不太相信，因為沒有真正看過。可是我們從共修的觀點及功能來說明，西方極樂世界的存在的確是真的，也是可信的。佛經中已經告訴我們佛國淨土是一個什麼樣的世界，並不是我們憑空想像出來的，一方面是佛的願力所成，另一方面是我們的心願所求。由於希望有這樣一個世界，所以大家共同來進行建設的活動；而因為大家的心，都願往生西方極樂世界的佛國淨土，那個世界就一定會出現，這也就是共修功能的延伸。

例如我們的法鼓山，本來是沒有的，現在漸漸地形成了，這是集合許多人的心願和努力完成的，這也是共修，因為有許多人共同的願望，希望有這麼一個環境產生，所以大家獻出心力、財力和智慧力。法鼓山不是我一個人的，我只是點一把火，大家覺得這把火滿可愛的，感受到光明、溫暖、希望，許多人也一起來分享這把火；最後，我這一把火還在燃，而每個人也都點了火，加起來就是變成一個大放光明的法鼓山。

四、向著共同的目標努力

我們要把這共修的力量，漸漸擴展延伸至自己的家庭、事業中，如果能讓跟你相關的人，都能共同努力、奉獻、推動，向著共同的目標去努力，這也算是共修。

此外，結合許多人的力量就會有較多的保障。因為自己的力量很小，如有一個團體就會得到保障、得到安全、得到成長的機會。例如：如果只有一株竹子，竹竿很容易長得東倒西歪，可是如果是一大片竹林，竹子就會長得茂密又整齊劃一，且大多是挺直向上的，很少有彎曲的，不管颳風也好，下雨降霜也罷，竹林都是整體的，會將破壞的程度降低，這就是一個團體共同的力量，帶給個體的保障。

因此，不論是修行還是工作、事業，不能沒有共同努力的目標環境，如果沒有共同的目標，勢必非常辛苦而無意義的。有的人很欣賞《魯濱遜漂流記》那種生活，很想試一試，不過我相信大概試了幾個月，就會想再回到人間，因為那種生活其實是很無聊的，因為單獨一個人所處的孤獨世界，就是幾乎沒有目標的世界。

（一九九七年七月二十三日，法鼓山社會菁英禪修營聯誼會開示，徐禎璠整理）

禪修者的修行態度

一、沒有非做不可的事

禪修者跟平常人同樣是人，但心態不同。同樣一樁事，在平常人認為是非常的重要，可是對禪修者來講，重要是重要，卻不是絕對的重要，乃是「平常的重要」，就是該完成的事，需要完成它；該去做的事必須去做，這叫作「重要」；但「不是絕對的重要」，這又是什麼意思？就是該做的事，是從你的觀點、角度看，那是一種責任、良心，但如果因緣不許可你做，也就沒有什麼不得了。

這個世界上沒有非做不可的事，也沒有非你不可的事，這就是「雖是重要，但不是絕對的重要」。為什麼沒有絕對重要的事？因為「因緣」不可思議；成功和失敗，都不是僅僅靠你一個人的主觀條件所能決定的，只要客觀的條件或因素改變，你主觀的條件就會受到影響。

諸位一定有聽說過：「有心栽花花不開，無心插柳柳成蔭。」這句話意思是：有意要種花，花不開。這是什麼原因呢？或許因為那土壤不適合種花，或許那個季節不適合種花，那個氣候不適合種花，所以那個環境也就不是種花的環境了。

而隨便插一支楊柳在泥地裡，柳樹就長起來了，即「無心插柳柳成蔭」。為什麼呢？這也不是因為你把這棵柳樹種活了，而必須是那裡的環境恰好適合柳樹生長，那時的氣候就剛好適合柳樹存活。

因此，做任何事都要盡心、盡力，但是成敗得失，不是全憑個人的條件所能決定的。如果環境或時間的因素不能配合，而又堅持非要完成這件事不可，那必是死路一條。即使你累死、氣死、送死，還是完成不了，那又為什麼一定要做？

我年輕時曾經認識一個人，他在二十多歲時才氣縱橫、英俊瀟灑，有很多女孩子喜歡他，可是他的眼睛長在頭頂上，他說：「我要的老婆，絕對不是普通人，要嫁給我，不是那麼簡單的。」所以日子一天一天地過去，他就等呀！找呀！到了三十多歲，找不到一位適合做他老婆的人。

幾年之後，他的結婚條件也只降了一點點而已，標準還是很高的，他說：「一定要臺大畢業的，一定要比我小十歲，而且還要有才氣。不然兩個人談情，就像對牛彈琴，不如不結婚！否則結婚是很枯燥無味的事。」結果到了四十歲，他還是沒結婚。

於是他再降格以求，他說：「只要大學生就行，年齡相差五歲也可以。」可是還是沒人願意嫁給他；到了五十歲仍結不了婚，後來他來見我。

我說：「你這個人，誰嫁給你，誰倒楣！你這個人根本不適合結婚的。」

他問：「為什麼？」

我說：「你啊！要求不合理。」

他問：「法師！您的意見怎麼樣？」

我說：「一切隨緣，如以高標準選太太，到最後大概是找不到太太；女孩子也是一樣，女孩子太挑剔，結果她一定也是結不了婚的。」

二、沒有非你莫屬的事

因為「因緣」不是自己所能掌控的，需要環境及時間的配合，所以沒有非你莫屬，非你不可的事；也沒有非要做不可的事，也就是說在什麼情況下，允許你做，你就努力去促成其事，但完成不了時，也不必太難過，或者太在乎。

諸位有沒有看到我們農禪寺的照壁上，有兩句話：「應無所住，而生其心。」這是《金剛經》中的八個字。「應無所住」的意思就是剛才講的，沒有一定非要完成，非我不可的事，這就是沒有執著心。

牢牢抱住一件事、一樣東西，或是抓住一個人，那一定是痛苦不堪的；可是什麼也不要，什麼也不抓，什麼人都不需要，則又會變成孤立無援。所以「而生其心」，就是要處處留心，時時留心，努力促成其事。這裡說的「心」是智慧心，是盡心盡力的心，是知己知彼的心，是認識環境、認識自己的心。也就是對主觀的自我條件，及客觀的環境條件，都能用智慧去衡量，這叫作「而生其心」。

要運用人來完成我們希望成功的事，要運用事來幫助人成功，這是相輔相成的。「用人成事，用事成人。」而且還不要被某一個圈套套住，也不要用圈套去套住人，這叫作「應無所住，而生其心」。有了這種智慧的心，你就可以隨緣來成長自己、成就他人，隨緣為自己處理困難，為他人解決麻煩，這就是能救苦救難的菩薩了。

三、隨順因緣能屈能伸

一個已經在學習佛法，修行禪的方法和運用禪的觀念的人，是要努力向前，不是退縮的。諸位一定聽過「識時務者為俊傑」、「大丈夫，能屈能伸」的話，還有能卑、能尊等等。不讓一時間的成敗、得失，而使自己放縱發狂，或灰心喪志，這就要有禪的修持才行。

我認識一位曾經在企業界很成功的人，當他成功的時候，認為自己的智慧高、能力強，資本也雄厚，總覺得大家都要奉承他。他一見到我，就告訴我說：「法師，我告訴你怎麼樣賺錢。」

我說：「我不要錢哪！」

他說：「不要錢怎麼能夠弘法？」

我說：「話是沒有錯，可是……」

他說：「不要想叫我捐錢給你，你要自己賺。」

他又說：「我告訴你一個怎樣賺錢的方法，比我捐錢給你更好。」

他的觀念似乎也對，捐給我的錢是死的，教我方法賺錢是活的，那樣錢就會愈來愈多了。但是我說：「阿彌陀佛！我只會用錢不會賺錢，你教我方法，對我是沒有用的。」

他說：「很簡單，我告訴你怎麼樣賺錢，你要看邱永漢的書，那些都是『發財經』。」

我說：「我在日本時，人家叫我看，我就看過了，但我有一個出家朋友就是看了邱永漢的發財經後，還了俗，準備賺錢去了，結果後來他還是很窮。」

他說：「那是他沒有看懂。」

我說：「我大概也看不懂，因為我不是會賺錢的人。」

曾幾何時，這位企業家的公司倒掉了，他又來看我，仍然不改賺錢的初衷，他說：「我還有希望。」但一直到現在他已經快九十歲了，還是沒有東山再起，現在他希望他的兒子賺錢。

我告訴諸位這個故事的意思是，他的觀念有問題，他不能隨順因緣。他自己在那段時間內能賺錢，是因為那時候的環境因素，使得他走運，他又正好做了這一個行業，得心應手一下子賺了很多的錢，所謂「時勢造英雄」。後來環境因素轉變了，時代也轉變了，但他還是食古不化，還是認為他那一成不變的方式一定能賺錢，結果當然沒有賺到錢，公司也倒掉了。

還有一次，曾經有一個人問我：「法師！你做了和尚，殺不殺人？」

我說：「當然不殺人。」

他又問：「如果遇到了一個非殺不可的人，你要不要殺？」

我說：「我不知道他是什麼樣的人？」

他問：「他要殺你，你殺不殺他？」

我說：「他殺我，我不殺他。」

他問：「他要殺你了，你不自衛嗎？」

我說：「出家人持不殺戒，寧可一死，也不能夠破戒，這是我的原則。」

他還是繼續逼問：「那你絕對不殺人了嗎？」

我回答他：「那也不見得，如果有一個人要把我們全臺灣的人全部殺掉，如果我有機會，我會殺了他。」因為我不殺他，他就要殺那麼多的人。我殺一個人而可以救那麼多的人，我下地獄沒有關係，而且至多我和他兩個死，卻可以救那麼多的人，也是合算的。

另外，我也救了他，我把他殺掉，他就不會有機會殺那麼多人了；當然最好只打傷他，不是殺掉他，使他沒有殺人的能力，這是最好的，這是慈悲心一個原則，不是食古不化。

四、隨時提起，隨時放下

還有，我們出家人有不能夠摸觸女人的比丘戒，一碰就是犯戒。但是如果一個女人掉進水裡，沒有人救她，一位比丘見到了，要不要去抓她的手？不但要抓她的手，還要把她抱上岸來，在這種情形下，救人要緊。

禪宗有一樁有名的故事：有師兄弟兩位出家人，他們在行腳尋師訪道的路途中，有一天，走到一條大河邊，眼看著要下雨了，河水愈漲愈高，這時有一位年輕的婦女，坐在河岸邊上哭，她不是要自殺，而是要過河去，但天要下雨，河水又高，天色也晚了，過不去；師弟看了這個女人，覺得她好可憐，直念：「阿彌陀佛！這個女人好可憐，過不去，不知該怎麼辦？」一仍自顧自地把褲管一捲，東西往頭上一頂，就過河去了；但是他的師兄則毫不考慮地把那女人一背，也過了那條河。過河之後，就把那女人放下來，那女人感謝一番後，便也走了。

之後，師兄弟兩人繼續行腳，只見那位師弟老在那兒叨唸：「阿彌陀佛啊！

師兄啊！你這是犯戒的啊！阿彌陀佛啊！你要下地獄，你碰了女人啦！不得了！出家人，怎麼可以碰女人呢！」

他一邊走，一邊唸，師兄卻不講話。

到了晚上，他們找了一間破廟睡覺，這位師兄一躺下就呼呼大睡；而那位師弟卻在那裡，翻過來、覆過去睡不著。

第二天早上，師弟就問師兄：「師兄啊！你昨天晚上睡得這麼好，你怎麼還睡得著啊？」

師兄問：「為什麼睡不著？你睡得怎麼樣啊？」

師弟說：「我一夜睡不著呢！」

師兄問：「為什麼？」

師弟說：「我為你難過啊！你昨天碰了女人犯了戒，你要下地獄了，我為你難過，不知道怎麼來替你懺悔。」

那師兄說：「唉！師弟！昨天我把那女人背過河之後，就已經放下了，你怎麼到現在還把那女人抱得緊緊的？」

這個故事告訴我們，一個禪者的生活態度、人生觀，是灑脫自在，當機立斷，隨時放下，隨時提起；隨時提起，隨時放下。沒有什麼成功、失敗，也沒有什麼不得了、了不得的事情，應該做的就努力做，做不來的就不做；能成就的就盡力完成，成不了的就放下，這才是灑脫自在，真正自由、自在的人。

我們要以這種態度來生活，這是非常積極的，不是消極的，是自在的，不是痛苦的。之所以會痛苦、煩惱，都是因為我們的心，提不起，也放不下；或是提起了，卻放不下；或者根本不知道有什麼好提起。像這樣常常優柔寡斷、思前顧後、患得患失的人，就很痛苦，真正能把事情做好的機會也不多。

（一九九五年四月九日，農禪寺禪坐會開示，林從德整理）

平常人的禪

一、禪法並不神祕

我們都是「人」，禪法就是「人」的修行方法，禪法是要把苦惱的「人」提昇為有智慧的人；故太虛大師說：「人成即佛成。」因此，請諸位不要把「佛」神格化、神道化，應該把他當成人中的完人；完美的、完成的人格，就是佛。許多的禪修者，不但把佛神化了，同時也把自己神化了，甚至把禪的修行神道化了。

其實以人的角度、人的立場來修行禪法，是最健康的；如果用神的角度、觀點來修行，那不是佛教所講的禪法，而是其他的宗教，我們稱之為神教。

神教所信的是神祕現象或神祕經驗。所謂神祕的現象，是讓不可能的事成為可能，不知道的事讓你知道，還沒有發生的事你能預知，或是讓你看到光、花、景色、神、鬼、菩薩、佛，或者讓你體驗到生理上產生變化。而將這些現象蒙上一層神祕色彩的解釋，那都不是真正的禪法、佛法。然而，佛教徒的禪法裡有沒有這種經驗呢？會不會發生宿命通和天眼通？也可能有！但是一位真正的禪修者不會重視它，也不會表現它。

二十多年前，我有一位英語很好的在家弟子，有一次一位說英語的喇嘛到臺灣弘法，需要他擔任翻譯的工作，但因為這位喇嘛用的是西藏腔調的英文，不容易聽得懂，所以他很緊張，深怕翻譯有問題。於是在前一天晚上他就祈求說：「喇嘛是活佛，一定要讓我聽懂你的話！」當天晚上睡覺就做了一個夢，夢見喇嘛在他面前出現，說：「放心啦！你一定可以翻譯的。」說完還對他點點頭。

這位弟子醒來之後很歡喜喇嘛託夢給他，一早起床後就找到喇嘛頂禮感謝，喇嘛看著他頂禮覺得茫汒然，不知是何事？只見他說：「你昨天晚上託夢給我，叫我放心。活佛，你替我加持了！」

喇嘛說：「喔！這樣子啊！好！好！」

請問諸位：喇嘛是否真的託夢給他了？也許有人認為沒有，但是喇嘛並沒有否認，不管如何，我認為不否認是比較好的，否則那位弟子當天的翻譯大概就會有問題了。如果我是前例中的那位喇嘛，我會在那位翻譯人員做完翻譯後告訴他：「你真聰明，反應真好，翻譯得這麼好。你認為我夜裡託夢叫你放心，這是你的善根。那天晚上實際上我很累，也在睡覺，但是你能得到這種信心上的反應，是你的善根。」如此一來，就是回到人的立場，沒有把自己神格化。

做為一位禪修者，如果一定要開悟才算是參禪得利、受用，則參禪、打坐的人應該是很少了，因為真正能夠開悟的人，在比例上是非常少的，但是不開悟是否也要修行？修行是否有用？答案當然是肯定的。

站在人的立場，在緊張、混亂、恐慌、興奮、憤怒等情況下，不會有正確、明智的決定、判斷；心神不寧、精神恍惚以及不知所措，在這些情形下會更容易做錯事、說錯話，甚至於犯罪而發生「一失足成千古恨」的事情。

禪修者能經常保持身心的冷靜、平穩、安定，在身心安定、平衡而非氣急敗壞的情況下，我們所觀察到的自己及環境，都比較中肯、正確，如此一來，參禪打坐的第一步功能，就能得到了。

禪修者如果能夠經常使自己保持平穩的心態，在任何事情、狀況發生的時候，都能保持心情的安寧、平定，就可以減少很多不必要的麻煩和危險。因此，站在人的立場，學打坐還是有用的。

二、以人的立場處理事情

既然是生而為人，應該要求自己成為一個人，像一個人。人有人的責任、人格，在任何事情發生時，首先要回到人的位置。

前天有一位太太來見我，她說：「師父，我很後悔嫁給我的丈夫。在結婚之前，他好像還不錯；結婚以後，每天很晚回家，花天酒地、吃喝嫖賭樣樣都來，說是為了做生意，我不相信，怎麼可能天天如此？」

我問：「妳怎麼辦？」

她說：「因為先生如此，所以我就回娘家了。」

我問：「妳準備離婚了嗎？」

她說：「還沒想到。」

大前天也有一位先生來見我，他的生活，受鬼神的操控指揮，這股力量使得他失去了自我，他問我：「怎麼辦？」

我對這兩個不同案例所給的答案是一樣的，就是回到人的位置。

我對那位太太說：「妳要回到人的位置，妳現在身為人家的太太、媳婦、媽媽，就把一個太太、媳婦、媽媽的角色做好，這是人的位置。至於妳的先生，妳也把他回歸到人的位置上，人性是有弱點的，飽暖思淫欲，對這些人性中所有的負面傾向，妳能改善就予改善，否則當求自保。」

至於那位被陰間的鬼神指揮的先生，我則對他說：「你要回到人間，你是人，不要聽鬼神的指揮。」

他說：「十八年來，我經常在做任何事情時，都有鬼神或神靈，事先告訴我會發生什麼事，甚至會有很多的神靈告訴我相同的情況，而且都很準，結果真的就會發生，讓我不得不信。」

我說：「不要聽他的，回到人間來，你不要還沒有死就已經變成鬼了。孔夫子說過『敬鬼神而遠之』；鬼神是有的，他們講的話可能是對的。可是很多人沒有鬼神告訴他們任何事，也過得很快樂；而你有鬼神幫忙卻過得很痛苦，真是何苦來哉。」

他說：「師父，這十八年來我從來沒有辦法脫離他們，我能脫離嗎？」

我告訴他：「不要去碰他們！」

他說：「有時候他們是從耳朵裡告訴我的。」

我說：「聽到了，裝作沒聽到。」
他說：「但是事情會發生。」
我說：「不管他是否告訴你，事情要發生的就會發生，不發生的就不會發生，你為什麼一定要聽他的？」
他說：「如果不聽他的，我會倒楣。」
我說：「你現在聽他的就已經很倒楣了，不聽他的，最多也是倒楣！」
這就是站在人的立場、觀點來處理人的事。

三、以人的標準要求自己和別人

站在人的立場，與人相處要有慈悲心，也要有智慧。慈悲心就是要包容人、同情人、原諒人。有智慧則是要認識人，不僅僅是認識人的表面背景，還要深入認識人性。人性，可好可壞，可善可惡，因為環境的影響，就會有所謂「近朱者赤，近墨者黑」的現象。

環境包括一個人成長的背景和過程，因此一個人的壞，有其原因和道理，我們不要用瞋恨心來看他，要以慈悲心來對待他，但是也要知道人性之中有這些缺點。

前天我在錄製「大法鼓」的節目時，有人問我一個問題：「佛法講慈悲、忍辱，如果有人專門欺侮你，你就讓他欺侮嗎？有人專門占你便宜，你就讓他占嗎？有人專門鑽法律漏洞，看似不犯法，卻對社會製造困擾和混亂，像這樣，做一位佛教徒是否應該原諒他？」

這個問題的答案，還是要站在人的立場來看，我是人，他也是人，我希望自己和對方都是一個正常的人。因此，依照法律處理，應該讓他受處罰的就處罰，應該讓他坐牢的就坐牢。除此之外，還要想辦法讓他能夠改過，所以，不是做為一個佛教徒就是讓人家欺侮的。

我們要站在人的立場、觀點來提昇自己，肯定自己。當你有煩惱、困擾的時候，或在自己做了錯事或犯了錯誤時，要先回到以人的標準、人格要求自己，來對待這些煩惱和困擾，人性之中總有缺點或劣根性，需要時間來改過。

一般人雖然不會殺人、放火，心中卻有一些矛盾常常發生，有些不該說的話會說，不該想的念頭會想，甚至於不該做的事，偷偷摸摸還會做，這是人的習性，有的是從小就養成，也可能是在過去世就有的習慣。這些習性就隨它去嗎？不！還是要回到人的原點，將這些壞習慣轉變成為人的立場、人的基本和人的標準上。因此，應該要求自己是人，不要被人說：「你這個人心中有鬼！」其實心中凡是煩惱妄動的時候，都不是人，都是鬼，離開人的標準的起心動念、舉手投足和出言談話，也都是鬼。若能從鬼的偏差點回到人的立場來，即可漸漸像前面所提到的那位先生，不受鬼的影響而從鬼道回到人間。

諸位雖然沒有遇上鬼，心中卻有黑暗面、陰暗面，這也等於是和鬼打交道，一定要再回到人間，回到人的立場，這就是禪法的修行。

而且能夠肯定自我是人，做好自我肯定之後，也要從人的立場看所有的人，肯定他人也是人，不要把人當成畜生。即使人的性格之中有畜生的習氣、鬼的性格在內，也希望幫助所有的人，都能夠回到人的基本點上，把這些偏差糾正、導正過來，這就要靠禪的修行的力量。

禪的修行不僅僅是觀念的，一定還要加以練習。如果僅僅是觀念上的，可能當有境界出現時就沒有辦法掌握住自己，所以一定要常常練習打坐；打坐能使你的心更安定、更清楚、更明朗，更能夠了解自己、幫助自己、改正自己。

（一九九六年四月十三日，法鼓山社會菁英禪修營聯誼會開示）

禪修之道

有很多人對禪修很有興趣，但是往往參加一、兩次以後就不再來了，很可能是過程讓他們太痛苦了，打坐的益處沒得到就苦不堪言，當然不敢繼續來參加了。曾經也有人問我，聽說禪修很辛苦，有沒有一個方法，不那麼辛苦又能很快得到好處呢？我回答他們，這就是不進大學就想畢業，簡直像做夢一樣。不過，如果大家覺得禪修最辛苦的是盤腿，那麼就不一定要盤腿，這樣大家應該有興趣來試試看吧！

打坐不一定非要坐在蒲團上，只要用穩定的姿勢，任何時間、任何場合都可以練習；不過，如果要打坐超過半小時以上，還是要坐在蒲團上，才能夠持久。

一、禪修的四種利益

以下介紹四種禪修的利益：

（一）身體健康：身體的肌肉、神經能夠經常放鬆，對高血壓、心臟病有幫助，也能促進循環系統和呼吸系統，增強新陳代謝的功能。

（二）心理平衡：頭腦清醒，精神不緊張，心情保持愉快，心理自然會平衡。有些人不懂得如何保持心理平衡，所以時常會憤怒、恐懼、興奮等等，透過禪修的練習，能使憤怒平息、恐懼消失、興奮緩和，使心情經常保持平靜而且愉快。

（三）精神昇華：精神是指心理對世界的體驗和看法，超越平常生活中粗淺的感覺。譬如：我們看到一盆花，平時沒特別注意它，在緊張時甚至不感到它的存在；但是在心情安靜穩定的時候，看到一盆美麗的花，就像看到美好的世界一樣。

當我們從物質層面進到精神層面時，這個世界會變得不同，看到有人哭、有人笑，不會只看到表面，而會從另一個角度去看，體驗哭與笑的人內心的感受，明白他的內心世界，因此人與人之間的隔閡防線、對立狀態就會從此消除了。

（四）開發智慧：智慧有不同的層次，聰明、反應快、觀察力強，都不是真正的智慧。從禪修的立場來看，智慧是超越你和我、有和無、利和害的，以純粹超越的角度來判斷，這就是智慧，禪修便可以達到這個目的。

有智慧的人欣賞世界、熱愛生命，發生任何事情，不管是好是壞，都不會有得意或痛苦的感受，能用超越於主觀的客觀角度來欣賞世界，便不會有煩惱；世間的人缺少由禪修而生的智慧，所以總是痛苦不已。

二、持五戒

禪修除了用放鬆身心的方法以外，在日常生活中也須遵守一定的規範和準則，以保持其穩定性。那是「持五戒」，即消極的不做以下五類惡行：

（一）不殺生：主要是指不可以有殺人的行為或動機。

（二）不偷盜：不屬於自己的東西和不應該得到的東西，都不可以有偷竊、搶劫、占便宜的心理或行為。

（三）不邪淫：行為要正當，不做見不得人的事，不做違背風俗習慣和法律不允許的事情，甚至連念頭也不可以有。主要是兩性不得有不正當、不穩定、苟且越軌的行為。

（四）不妄語：不用欺騙的語言、手段、方法，使人受損失而自己得利益，乃至連妄語的念頭也不要起。

（五）不飲酒及不使用麻醉毒品：不使用酒精和毒品使自己的身體受損、精神錯亂，而至行為失控。

三、修五施

練習禪修的人要做到不以自我為中心，減少自私心，消除與人的對立心，常把別人當成自己一樣，最好的方法就是布施。在東方的哲學中，道家老子和佛教釋迦牟尼佛都主張施與，給人愈多，自己擁有愈多，成長愈快；不捨得給人表示自己的安全感不夠，煩惱就愈多。能夠布施的人內心必定是富足的，因為他能把自己的東西與人分享，代表他有支配權去安排他所擁有的東西，「修五施」能使禪修者達到捨己除執的目的，這五種布施是：

（一）以金錢、物質來接濟他人。

（二）以技術、時間來支援他人。

（三）以語言、觀念來導正他人。

（四）以隨喜的心意來幫助他人。
（五）以佛法的智慧來接引他人。

四、調五事

禪修的人同時也需要「調五事」，即在日常生活中應該注意的五種基本工夫：

（一）**調飲食**：飲食要適當，不宜過量或不足，營養要均衡。不吃太刺激的食物，例如濃茶、咖啡等，這會影響打坐的心情，酒當然更不可以喝。

（二）**調睡眠**：我們一生下來就會睡覺，睡覺很容易，但要睡好覺也並非易事。能好好睡覺是一大福報，覺睡得好，心情好，健康也好；覺睡不好，精神欠佳，脾氣會暴躁，易與人爭吵，精神壓力大，久而久之身體也不會好，打坐自然得不到效果。睡眠要充足，但時間長並不一定好，若求睡眠品質良好，右脇臥的姿勢很重要，頭腦、身體都放鬆才能睡得安穩；在緊張的情緒下睡覺，一定胡亂做夢，不是真正的休息。睡覺前要放鬆情緒，頭腦中的事暫時放下，沒做完的事不要擔心，擔心也沒有用，還是安心睡覺，睡好了起來可能做得更好一些。

（三）**調身**：調身可分動和靜兩方面，動的方面可以做柔軟運動，不要太劇烈；靜的方面可以用靜坐，姿勢要正確，身體任何部位都不要有壓力。靜坐也不一定非要坐，走路、站立、平躺均可，重點是一定要輕鬆、自然、安定；只要做到心不混亂，就是禪的基礎。

（四）調息：呼吸很容易，但品質要好，要自然平穩地呼吸，不要控制呼吸，而是欣賞、享受呼吸，這就是調息。呼吸與身體的姿勢有關，如果身體是彎曲扭曲的，呼吸一定不順暢；神經和肌肉在緊張的狀態中，呼吸也一定不自然。所以隨時要保持正確的姿勢，無論是坐、立、臥，都保持自然、舒暢；身體放鬆不是放逸偷懶，頭腦必須是非常清醒的。

（五）調心：以上四種都與心情（心的情況）有關，心情安定與否和我們的飲食、睡眠、身體、呼吸都有密切的關聯，如果調整得很好，心情自然愉快平穩。之後便可以用真正禪修的方法，達到調心的目的，把虛妄心、汙染心變成真心、清淨心。所以，在日常生活中，可以先從調飲食、睡眠、身體和呼吸做起，再配合禪修的方法，如打坐、參話頭、默照、直觀等，達到清淨無染的境界。

五、知五悟

最後講到禪修者通常有五種發悟的層次，我稱為「知五悟」：

（一）聽明境：由打坐而觸發文思靈感、舉一反三、聞一知十，反應敏捷、思路通達、理解力、記憶力的改善增強。

（二）光音境：在坐禪中，心境為無限深廣的光明所攝，或為無盡柔和蒼茫的音海所攝，自己被化入於光音之中。

（三）神通境：由坐禪而產生心電與事物的感應，能聽、能看、能嗅、能知、能感受到平常情況下所不能產生的特異能力。

（四）空靈境：感覺自己是一片無限，沒有我，沒有他，沒有任何執著，只有一片無限，心裡非常明朗。從真正禪的立場來看，以上四種境界都不是真正的開悟，只是個過程。

（五）寂靜境：這才是真正最高的開悟境界，又叫作寂滅境，我們稱之為無心。到了這個層次的人，遇到任何狀況，心情都不會隨之而動，所以發生危險時不會害怕，遇到誘惑時不會動搖，因為已經沒有心了，怎麼還會有起伏呢？這對大家來說，很困難也很容易，如果懷疑它就很困難，如果相信它，勤練習便很容易了。

六、問答討論

問：請問在平常生活中要如何修行？

答：任何時候清清楚楚知道自己在做什麼，吃飯的時候專心地吃，走路的時候用心地走，看書的時候知道自己是在看書，這就是修行。如果吃飯心不在焉，邊走路邊想心事，看書累了也不休息，愈看愈迷糊，而造成身體緊張或昏沉，這就不是修行了。

問：禪宗主張不立文字，但是為什麼很多書籍都在介紹禪呢？

答：所有禪宗的文獻，都是在告訴我們，不要依賴那些語言文字，只有靠自己努力修行才行，所以我今天晚上講了那麼多話，你們也都不要執著喔！（聽眾笑）

問：有人說中午、半夜不可以打坐，是真的嗎？請問什麼時間最適合打坐？

答：打坐最好是在睡眠充足、精神飽滿、身體狀況良好的時候。如果說中午或半夜不適合打坐，沒有其他原因，只是因為這些時間應該是在休息，精神不濟還勉強打坐，當然效果不彰，無益於健康了。但假使你平常時間都在休息，反而只有這些時段體力最好，當然可以打坐了。

（一九九八年十一月十二日，講於美國新澤西州羅特格斯大學，李青苑整理）